Personal Planning & Reflection

Paula Nafziger

Title	MY BOOK
Subtitle	Personal Planning & Reflection
Version	Paperback
AU Prepared for Publication	Paula Nafziger, Chaplain
Subject Heading	Mind & Body/Spirituality
ISBN-13	978-1639420070

All scripture is the easier-to-read King James Today™ version.

©2021 Paula Nafziger, All Rights Reserved   9 8 7 6 5 4 3 2 1

Buy-1 Give-1 When you buy this book, one will be provided free-of-charge to an inmate inside a US correctional institution.

Be part of God's Word renewing lives by making a tax-free donation:

Renewing Lives
PO Box **5529**
Diamond Bar, CA 91765-**7529**
www.renewinglives.com

Incarcerated? Please pray for donors to support the printing and mailing of this book. If donations exist for this project, one book will be mailed at no cost to an incarcerated person. Please provide your neatly printed name, ID or Fed A#, birthplace, birthdate, housing/cell, and correctional facility mailing address. *Requests must be written in your own wording, style and handwriting—no form letters, copied/repeated wording, writing as though you are another person, or group/dorm lists with multiple names (but you can mail requests in one envelope to save a stamp).* Requests must be mailed *directly from your institution.* If you have a loved one who is incarcerated they must personally write from their facility. If you do not receive a book within six weeks—our supply was exhausted. We really do need prayer for donors :-)

TABLE OF CONTENTS

Address Book 6
Bible Reading 58
Birthday Tracker 60
Family Records 67
Helpful Info 77
Holidays & Calendars 78
Lists 92

Other books available for purchase at your local bookstore or online store:

Books of the Bible in multiple formats—

• Enhanced **13**, Large **18**, Giant **24**, and Super Giant **28** point type (font size)

Left Notetaker Lines   Right Notetaker Lines   Notetaker Margins

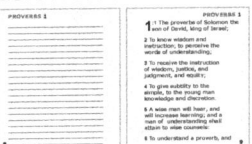

Other LARGE PRINT books available for purchase:

PROVERBIOS en Español, **PROVERBS** in English, Versión Bilingüe—Bilingual Version Letra Grande—18 puntos Reina Valera 1909, Large Print—18 point King James Today

PROVERBS with WORD Journals This book is ideal for personal, student or group Bible study, transitional readers, and the visually impaired. It includes WORD Journal™ pages which encourage you to read the Book of Proverbs on a plan, write a verse you find interesting, pay attention to details you choose to research, then formulate personal application. With suggestions on how you can use this book, you'll go through a chapter of Proverbs a day, every day or at a do-what-works-for-you pace.
• Large Print 18 point

PROVERBS Writing God's Word Discover the blessing of writing out the word of God, verse-by-verse. This LARGE print workbook will it cause you to slow down, meditate, and memorize as you learn. You'll choose to hand copy the text as it is, write your understanding of it in your own writing style, or pick a Bible version to compare it to. Includes graphics to shade, color, or express creativity. • Large Print 18 point

Read, Write & REAP will keep you *busy in the Bible*™ encouraging spiritual growth, intelligent conversation, and friendly fellowship. The text is formatted so you can read and re-write it line-by-line in your preferred style. At the back of the book you'll find the REAP Bible Study System to: **R**ead the chapter, choose a verse or two hand copy and re-write from a different translation, **E**xamine the text using your favorite resources, **A**cknowledge what God prompts your heart to act upon, attest to personal experiences, then "talk to God" in written **P**rayer. Includes: • Easier–to–read King James Version • Large print 18-20 point • REAP Bible Study System
Titles completed: ❏ Anger in the Bible ❏ Ecclesiastes ❏ John ❏ Philippians

Time in The Word offers a variety of ideas to keep you *busy in the Bible*™ as you read, write, study, and note what you learn in church, at home, or wherever your journey takes you. It includes: • Bible Art pages to draw your favorite verse • Blank lines and wide margins for sermon and study notes • Coloring pages for calm, relaxing, stress relief • Easier-to-read King James Version • Large Print 18 point

Blessed is he whose transgression is forgiven,

whose sin is covered. Psalm 32:1

Name
Address
City, State, Zip
Phone
Email
Notes

Name
Address
City, State, Zip
Phone
Email
Notes

Name
Address
City, State, Zip
Phone
Email
Notes

Name
Address
City, State, Zip
Phone
Email
Notes

Name
Address
City, State, Zip
Phone
Email
Notes

Name
Address
City, State, Zip
Phone
Email
Notes

Adam & Eve were expelled from Eden because they

Name
Address
City, State, Zip
Phone
Email
Notes

Name
Address
City, State, Zip
Phone
Email
Notes

Name
Address
City, State, Zip
Phone
Email
Notes

Name
Address
City, State, Zip
Phone
Email
Notes

Name
Address
City, State, Zip
Phone
Email
Notes

Name
Address
City, State, Zip
Phone
Email
Notes

ate the forbidden fruit. True? or False? Look it up: Genesis 3

B Name
Address
City, State, Zip
Phone
Email
Notes

Name
Address
City, State, Zip
Phone
Email
Notes

Name
Address
City, State, Zip
Phone
Email
Notes

Name
Address
City, State, Zip
Phone
Email
Notes

Name
Address
City, State, Zip
Phone
Email
Notes

Name
Address
City, State, Zip
Phone
Email
Notes

...Turn you unto me, says the LORD of hosts,

Name
Address
City, State, Zip
Phone
Email
Notes

Name
Address
City, State, Zip
Phone
Email
Notes

Name
Address
City, State, Zip
Phone
Email
Notes

Name
Address
City, State, Zip
Phone
Email
Notes

Name
Address
City, State, Zip
Phone
Email
Notes

Name
Address
City, State, Zip
Phone
Email
Notes

and I will turn unto you... Zechariah 1:3b

Name
Address
City, State, Zip
Phone
Email
Notes

Name
Address
City, State, Zip
Phone
Email
Notes

Name
Address
City, State, Zip
Phone
Email
Notes

Name
Address
City, State, Zip
Phone
Email
Notes

Name
Address
City, State, Zip
Phone
Email
Notes

Name
Address
City, State, Zip
Phone
Email
Notes

Delilah cut off Samson's long hair so his

Name
Address
City, State, Zip
Phone
Email
Notes

Name
Address
City, State, Zip
Phone
Email
Notes

Name
Address
City, State, Zip
Phone
Email
Notes

Name
Address
City, State, Zip
Phone
Email
Notes

Name
Address
City, State, Zip
Phone
Email
Notes

Name
Address
City, State, Zip
Phone
Email
Notes

strength would depart from him. True? or False? Look it up: Judges 16

Name
Address
City, State, Zip
Phone
Email
Notes

Name
Address
City, State, Zip
Phone
Email
Notes

Name
Address
City, State, Zip
Phone
Email
Notes

Name
Address
City, State, Zip
Phone
Email
Notes

Name
Address
City, State, Zip
Phone
Email
Notes

Name
Address
City, State, Zip
Phone
Email
Notes

The LORD is good, a strong hold in the day of trouble;

Name
Address
City, State, Zip
Phone
Email
Notes

Name
Address
City, State, Zip
Phone
Email
Notes

Name
Address
City, State, Zip
Phone
Email
Notes

Name
Address
City, State, Zip
Phone
Email
Notes

Name
Address
City, State, Zip
Phone
Email
Notes

Name
Address
City, State, Zip
Phone
Email
Notes

and He knows them that trust in Him. Nahum 1:7

Name
Address
City, State, Zip
Phone
Email
Notes

Name
Address
City, State, Zip
Phone
Email
Notes

Name
Address
City, State, Zip
Phone
Email
Notes

Name
Address
City, State, Zip
Phone
Email
Notes

Name
Address
City, State, Zip
Phone
Email
Notes

Name
Address
City, State, Zip
Phone
Email
Notes

The word "Rapture" is found in the Bible.

Name
Address
City, State, Zip
Phone
Email
Notes

Name
Address
City, State, Zip
Phone
Email
Notes

Name
Address
City, State, Zip
Phone
Email
Notes

Name
Address
City, State, Zip
Phone
Email
Notes

Name
Address
City, State, Zip
Phone
Email
Notes

Name
Address
City, State, Zip
Phone
Email
Notes

True? or False? Look it up: 1 Thessalonians 4 & 1 Corinthians 15

Name
Address
City, State, Zip
Phone
Email
Notes

Name
Address
City, State, Zip
Phone
Email
Notes

Name
Address
City, State, Zip
Phone
Email
Notes

Name
Address
City, State, Zip
Phone
Email
Notes

Name
Address
City, State, Zip
Phone
Email
Notes

Name
Address
City, State, Zip
Phone
Email
Notes

I sought the LORD, and he heard me,

Name
Address
City, State, Zip
Phone
Email
Notes

Name
Address
City, State, Zip
Phone
Email
Notes

Name
Address
City, State, Zip
Phone
Email
Notes

Name
Address
City, State, Zip
Phone
Email
Notes

Name
Address
City, State, Zip
Phone
Email
Notes

Name
Address
City, State, Zip
Phone
Email
Notes

and delivered me from all my fears. Psalm 34:4

Name
Address
City, State, Zip
Phone
Email
Notes

Name
Address
City, State, Zip
Phone
Email
Notes

Name
Address
City, State, Zip
Phone
Email
Notes

Name
Address
City, State, Zip
Phone
Email
Notes

Name
Address
City, State, Zip
Phone
Email
Notes

Name
Address
City, State, Zip
Phone
Email
Notes

Three wise men visited Jesus in a manger.

Name
Address
City, State, Zip
Phone
Email
Notes

Name
Address
City, State, Zip
Phone
Email
Notes

Name
Address
City, State, Zip
Phone
Email
Notes

Name
Address
City, State, Zip
Phone
Email
Notes

Name
Address
City, State, Zip
Phone
Email
Notes

Name
Address
City, State, Zip
Phone
Email
Notes

True? or False? Look it up: Matthew 2:11

Name
Address
City, State, Zip
Phone
Email
Notes

Name
Address
City, State, Zip
Phone
Email
Notes

Name
Address
City, State, Zip
Phone
Email
Notes

Name
Address
City, State, Zip
Phone
Email
Notes

Name
Address
City, State, Zip
Phone
Email
Notes

Name
Address
City, State, Zip
Phone
Email
Notes

Fret not yourself because of evildoers,

Name
Address
City, State, Zip
Phone
Email
Notes

Name
Address
City, State, Zip
Phone
Email
Notes

Name
Address
City, State, Zip
Phone
Email
Notes

Name
Address
City, State, Zip
Phone
Email
Notes

Name
Address
City, State, Zip
Phone
Email
Notes

Name
Address
City, State, Zip
Phone
Email
Notes

neither be you envious against the workers of iniquity. Psalm 37:1

Name
Address
City, State, Zip
Phone
Email
Notes

Name
Address
City, State, Zip
Phone
Email
Notes

Name
Address
City, State, Zip
Phone
Email
Notes

Name
Address
City, State, Zip
Phone
Email
Notes

Name
Address
City, State, Zip
Phone
Email
Notes

Name
Address
City, State, Zip
Phone
Email
Notes

These two verses contain all the letters of the alphabet except one.

Name
Address
City, State, Zip
Phone
Email
Notes

Name
Address
City, State, Zip
Phone
Email
Notes

Name
Address
City, State, Zip
Phone
Email
Notes

Name
Address
City, State, Zip
Phone
Email
Notes

Name
Address
City, State, Zip
Phone
Email
Notes

Name
Address
City, State, Zip
Phone
Email
Notes

What letter is missing from each verse? Look it up: Ezra 7:21, Daniel 4:37

Name
Address
City, State, Zip
Phone
Email
Notes

Name
Address
City, State, Zip
Phone
Email
Notes

Name
Address
City, State, Zip
Phone
Email
Notes

Name
Address
City, State, Zip
Phone
Email
Notes

Name
Address
City, State, Zip
Phone
Email
Notes

Name
Address
City, State, Zip
Phone
Email
Notes

In God have I put my trust:

Name
Address
City, State, Zip
Phone
Email
Notes

Name
Address
City, State, Zip
Phone
Email
Notes

Name
Address
City, State, Zip
Phone
Email
Notes

J

Name
Address
City, State, Zip
Phone
Email
Notes

Name
Address
City, State, Zip
Phone
Email
Notes

Name
Address
City, State, Zip
Phone
Email
Notes

I will not be afraid what man can do unto me. Psalm 56:11

Name
Address
City, State, Zip
Phone
Email
Notes

Name
Address
City, State, Zip
Phone
Email
Notes

Name
Address
City, State, Zip
Phone
Email
Notes

Name
Address
City, State, Zip
Phone
Email
Notes

Name
Address
City, State, Zip
Phone
Email
Notes

Name
Address
City, State, Zip
Phone
Email
Notes

The word "Eternity" is found in the Bible.

Name
Address
City, State, Zip
Phone
Email
Notes

Name
Address
City, State, Zip
Phone
Email
Notes

Name
Address
City, State, Zip
Phone
Email
Notes

Name
Address
City, State, Zip
Phone
Email
Notes

Name
Address
City, State, Zip
Phone
Email
Notes

Name
Address
City, State, Zip
Phone
Email
Notes

True? or False? Look it up: Isaiah 57:15

Name
Address
City, State, Zip
Phone
Email
Notes

Name
Address
City, State, Zip
Phone
Email
Notes

Name
Address
City, State, Zip
Phone
Email
Notes

Name
Address
City, State, Zip
Phone
Email
Notes

Name
Address
City, State, Zip
Phone
Email
Notes

Name
Address
City, State, Zip
Phone
Email
Notes

What shall we then say to these things?

Name
Address
City, State, Zip
Phone
Email
Notes

Name
Address
City, State, Zip
Phone
Email
Notes

Name
Address
City, State, Zip
Phone
Email
Notes

Name
Address
City, State, Zip
Phone
Email
Notes

Name
Address
City, State, Zip
Phone
Email
Notes

Name
Address
City, State, Zip
Phone
Email
Notes

If God be for us, who can be against us? Romans 8:31

Name
Address
City, State, Zip
Phone
Email
Notes

Name
Address
City, State, Zip
Phone
Email
Notes

Name
Address
City, State, Zip
Phone
Email
Notes

Name
Address
City, State, Zip
Phone
Email
Notes

Name
Address
City, State, Zip
Phone
Email
Notes

Name
Address
City, State, Zip
Phone
Email
Notes

David authored the most writings

Name
Address
City, State, Zip
Phone
Email
Notes

Name
Address
City, State, Zip
Phone
Email
Notes

Name
Address
City, State, Zip
Phone
Email
Notes

Name
Address
City, State, Zip
Phone
Email
Notes

Name
Address
City, State, Zip
Phone
Email
Notes

Name
Address
City, State, Zip
Phone
Email
Notes

Name
Address
City, State, Zip
Phone
Email
Notes

Name
Address
City, State, Zip
Phone
Email
Notes

Name
Address
City, State, Zip
Phone
Email
Notes

Name
Address
City, State, Zip
Phone
Email
Notes

Name
Address
City, State, Zip
Phone
Email
Notes

Name
Address
City, State, Zip
Phone
Email
Notes

And whatsoever you do, do it heartily,

Name
Address
City, State, Zip
Phone
Email
Notes

Name
Address
City, State, Zip
Phone
Email
Notes

Name
Address
City, State, Zip
Phone
Email
Notes

Name
Address
City, State, Zip
Phone
Email
Notes

Name
Address
City, State, Zip
Phone
Email
Notes

Name
Address
City, State, Zip
Phone
Email
Notes

as to the Lord, and not to men;   Colossians 3:23

Name
Address
City, State, Zip
Phone
Email
Notes

Name
Address
City, State, Zip
Phone
Email
Notes

Name
Address
City, State, Zip
Phone
Email
Notes

Name
Address
City, State, Zip
Phone
Email
Notes

Name
Address
City, State, Zip
Phone
Email
Notes

Name
Address
City, State, Zip
Phone
Email
Notes

The first book to ever be printed

Name
Address
City, State, Zip
Phone
Email
Notes

Name
Address
City, State, Zip
Phone
Email
Notes

Name
Address
City, State, Zip
Phone
Email
Notes

Name
Address
City, State, Zip
Phone
Email
Notes

Name
Address
City, State, Zip
Phone
Email
Notes

Name
Address
City, State, Zip
Phone
Email
Notes

in all history is the Bible. True? or False?

Name
Address
City, State, Zip
Phone
Email
Notes

Name
Address
City, State, Zip
Phone
Email
Notes

Name
Address
City, State, Zip
Phone
Email
Notes

Name
Address
City, State, Zip
Phone
Email
Notes

Name
Address
City, State, Zip
Phone
Email
Notes

Name
Address
City, State, Zip
Phone
Email
Notes

For what shall it profit a man, if he shall gain the whole world,

Name
Address
City, State, Zip
Phone
Email
Notes

Name
Address
City, State, Zip
Phone
Email
Notes

Name
Address
City, State, Zip
Phone
Email
Notes

Name
Address
City, State, Zip
Phone
Email
Notes

Name
Address
City, State, Zip
Phone
Email
Notes

Name
Address
City, State, Zip
Phone
Email
Notes

and lose his own soul? Mark 8:36-37

Name
Address
City, State, Zip
Phone
Email
Notes

Name
Address
City, State, Zip
Phone
Email
Notes

Name
Address
City, State, Zip
Phone
Email
Notes

Name
Address
City, State, Zip
Phone
Email
Notes

Name
Address
City, State, Zip
Phone
Email
Notes

Name
Address
City, State, Zip
Phone
Email
Notes

Two books in the Bible do not mention the word "God".

Name
Address
City, State, Zip
Phone
Email
Notes

Name
Address
City, State, Zip
Phone
Email
Notes

Name
Address
City, State, Zip
Phone
Email
Notes

Name
Address
City, State, Zip
Phone
Email
Notes

Name
Address
City, State, Zip
Phone
Email
Notes

Name
Address
City, State, Zip
Phone
Email
Notes

True? or False? Look it up: Esther, Song of Solomon

Name
Address
City, State, Zip
Phone
Email
Notes

Name
Address
City, State, Zip
Phone
Email
Notes

Name
Address
City, State, Zip
Phone
Email
Notes

Name
Address
City, State, Zip
Phone
Email
Notes

Name
Address
City, State, Zip
Phone
Email
Notes

Name
Address
City, State, Zip
Phone
Email
Notes

Submit yourselves therefore to God.

Name
Address
City, State, Zip
Phone
Email
Notes

Name
Address
City, State, Zip
Phone
Email
Notes

Name
Address
City, State, Zip
Phone
Email
Notes

Name
Address
City, State, Zip
Phone
Email
Notes

Name
Address
City, State, Zip
Phone
Email
Notes

Name
Address
City, State, Zip
Phone
Email
Notes

Resist the devil, and he will flee from you. James 4:7

Name
Address
City, State, Zip
Phone
Email
Notes

Name
Address
City, State, Zip
Phone
Email
Notes

Name
Address
City, State, Zip
Phone
Email
Notes

Name
Address
City, State, Zip
Phone
Email
Notes

Name
Address
City, State, Zip
Phone
Email
Notes

Name
Address
City, State, Zip
Phone
Email
Notes

Two men of Old Testament times did not die.

Name
Address
City, State, Zip
Phone
Email
Notes

Name
Address
City, State, Zip
Phone
Email
Notes

Name
Address
City, State, Zip
Phone
Email
Notes

Name
Address
City, State, Zip
Phone
Email
Notes

Name
Address
City, State, Zip
Phone
Email
Notes

Name
Address
City, State, Zip
Phone
Email
Notes

True? or False? Look it up: Genesis 5 & 2 Kings 2

Name
Address
City, State, Zip
Phone
Email
Notes

Name
Address
City, State, Zip
Phone
Email
Notes

Name
Address
City, State, Zip
Phone
Email
Notes

Name
Address
City, State, Zip
Phone
Email
Notes

Name
Address
City, State, Zip
Phone
Email
Notes

Name
Address
City, State, Zip
Phone
Email
Notes

But seek ye first the kingdom of God, and his righteousness;

Name
Address
City, State, Zip
Phone
Email
Notes

Name
Address
City, State, Zip
Phone
Email
Notes

Name
Address
City, State, Zip
Phone
Email
Notes

Name
Address
City, State, Zip
Phone
Email
Notes

Name
Address
City, State, Zip
Phone
Email
Notes

Name
Address
City, State, Zip
Phone
Email
Notes

and all these things shall be added unto you. Matthew 6:33

Name
Address
City, State, Zip
Phone
Email
Notes

Name
Address
City, State, Zip
Phone
Email
Notes

Name
Address
City, State, Zip
Phone
Email
Notes

Name
Address
City, State, Zip
Phone
Email
Notes

Name
Address
City, State, Zip
Phone
Email
Notes

Name
Address
City, State, Zip
Phone
Email
Notes

More Bibles have been purchased and shoplifted

Name
Address
City, State, Zip
Phone
Email
Notes

Name
Address
City, State, Zip
Phone
Email
Notes

Name
Address
City, State, Zip
Phone
Email
Notes

Name
Address
City, State, Zip
Phone
Email
Notes

Name
Address
City, State, Zip
Phone
Email
Notes

Name
Address
City, State, Zip
Phone
Email
Notes

than any other book in all of history. True? or False?

Name
Address
City, State, Zip
Phone
Email
Notes

Name
Address
City, State, Zip
Phone
Email
Notes

Name
Address
City, State, Zip
Phone
Email
Notes

Name
Address
City, State, Zip
Phone
Email
Notes

Name
Address
City, State, Zip
Phone
Email
Notes

Name
Address
City, State, Zip
Phone
Email
Notes

The King James Bible has inspired the lyrics of

Name
Address
City, State, Zip
Phone
Email
Notes

Name
Address
City, State, Zip
Phone
Email
Notes

Name
Address
City, State, Zip
Phone
Email
Notes

Name
Address
City, State, Zip
Phone
Email
Notes

Name
Address
City, State, Zip
Phone
Email
Notes

Name
Address
City, State, Zip
Phone
Email
Notes

more pop songs than any other book. True? or False?

Name
Address
City, State, Zip
Phone
Email
Notes

Name
Address
City, State, Zip
Phone
Email
Notes

Name
Address
City, State, Zip
Phone
Email
Notes

Name
Address
City, State, Zip
Phone
Email
Notes

Name
Address
City, State, Zip
Phone
Email
Notes

Name
Address
City, State, Zip
Phone
Email
Notes

Can you describe the days of creation in order? Genesis 1:1–2:3

Name
Address
City, State, Zip
Phone
Email
Notes

Name
Address
City, State, Zip
Phone
Email
Notes

Name
Address
City, State, Zip
Phone
Email
Notes

Name
Address
City, State, Zip
Phone
Email
Notes

Name
Address
City, State, Zip
Phone
Email
Notes

Name
Address
City, State, Zip
Phone
Email
Notes

Can you recite the ten commandments in order? Exodus 20:1-17

Name
Address
City, State, Zip
Phone
Email
Notes

Name
Address
City, State, Zip
Phone
Email
Notes

Name
Address
City, State, Zip
Phone
Email
Notes

Name
Address
City, State, Zip
Phone
Email
Notes

Name
Address
City, State, Zip
Phone
Email
Notes

Name
Address
City, State, Zip
Phone
Email
Notes

Be sober, be vigilant; because your adversary the devil, as a

Name
Address
City, State, Zip
Phone
Email
Notes

Name
Address
City, State, Zip
Phone
Email
Notes

Name
Address
City, State, Zip
Phone
Email
Notes

Name
Address
City, State, Zip
Phone
Email
Notes

Name
Address
City, State, Zip
Phone
Email
Notes

Name
Address
City, State, Zip
Phone
Email
Notes

roaring lion, walks about, seeking whom he may devour. 1 Peter 5:8

Name
Address
City, State, Zip
Phone
Email
Notes

Name
Address
City, State, Zip
Phone
Email
Notes

Name
Address
City, State, Zip
Phone
Email
Notes

Name
Address
City, State, Zip
Phone
Email
Notes

Name
Address
City, State, Zip
Phone
Email
Notes

Name
Address
City, State, Zip
Phone
Email
Notes

But the LORD your God you shall fear; and He shall deliver you

Name
Address
City, State, Zip
Phone
Email
Notes

Name
Address
City, State, Zip
Phone
Email
Notes

Name
Address
City, State, Zip
Phone
Email
Notes

Name
Address
City, State, Zip
Phone
Email
Notes

Name
Address
City, State, Zip
Phone
Email
Notes

Name
Address
City, State, Zip
Phone
Email
Notes

out of the hand of all your enemies. 2 Kings 17:39

Name
Address
City, State, Zip
Phone
Email
Notes

Name
Address
City, State, Zip
Phone
Email
Notes

Name
Address
City, State, Zip
Phone
Email
Notes

Name
Address
City, State, Zip
Phone
Email
Notes

Name
Address
City, State, Zip
Phone
Email
Notes

Name
Address
City, State, Zip
Phone
Email
Notes

Wait on the LORD: be of good courage,

Name
Address
City, State, Zip
Phone
Email
Notes

Name
Address
City, State, Zip
Phone
Email
Notes

Name
Address
City, State, Zip
Phone
Email
Notes

Name
Address
City, State, Zip
Phone
Email
Notes

Name
Address
City, State, Zip
Phone
Email
Notes

Name
Address
City, State, Zip
Phone
Email
Notes

Z z

and He shall strengthen your heart: wait, I say, on the LORD. Psalm 27:14

Read the Bible in a Year

Believe it or not, you only have to read a little over three chapters of the Bible a day to finish the whole book within a year. There are 1189 chapters in the Bible, which divided by 365 days equals 3.26 chapters a day. Or, try three chapters a day and five on Sundays. *You can do it!*

Got 70 hours?

The Bible can be read cover-to-cover in about seventy hours. Seven boxes are provided to track the number of times you've finished a plan.

❑ 1 ❑ 2 ❑ 3 ❑ 4 ❑ 5 ❑ 6 ❑ 7

Read the Bible in a Little Over Three Years

If you slow down and concentrate on reading just one chapter of the Bible every single day, you will finish with greater insight—in a little over three years! *You'll get to know God's word better!*

❑ Old Testament   ❑ 1 ❑ 2 ❑ 3 ❑ 4 ❑ 5 ❑ 6 ❑ 7

❑ New Testament   ❑ 1 ❑ 2 ❑ 3 ❑ 4 ❑ 5 ❑ 6 ❑ 7

❑ Entire Bible   ❑ 1 ❑ 2 ❑ 3 ❑ 4 ❑ 5 ❑ 6 ❑ 7

For days when your normal schedule is disrupted try this:

Look at a calendar and base your reading on today's date—for instance, if today is the first (1st) read:

Genesis 1 and/or   John 1
Psalm 1 and/or   Proverbs 1

Then on the second (2nd) read:

Genesis 2 and/or   John 2
Psalm 2 and/or   Proverbs 2

❑ Book of Genesis   ❑ 1 ❑ 2 ❑ 3 ❑ 4 ❑ 5 ❑ 6 ❑ 7

❑ Book of John   ❑ 1 ❑ 2 ❑ 3 ❑ 4 ❑ 5 ❑ 6 ❑ 7

❑ Book of Psalms   ❑ 1 ❑ 2 ❑ 3 ❑ 4 ❑ 5 ❑ 6 ❑ 7

❑ Book of Proverbs   ❑ 1 ❑ 2 ❑ 3 ❑ 4 ❑ 5 ❑ 6 ❑ 7

If you like this plan, change it up next month—pick different books.

For there is one God, and one mediator between God and men, the

Pick a Plan:

Read one chapter of the New Testament a day—finish it in a year.

❏ New Testament ❏ 1 ❏ 2 ❏ 3 ❏ 4 ❏ 5 ❏ 6 ❏ 7

If you have a red-letter bible, only read the words of Jesus (in red).

❏ 1 ❏ 2 ❏ 3 ❏ 4 ❏ 5 ❏ 6 ❏ 7

Read one (1) ❏ Proverb a day, or read one (1) ❏ Psalm a day—or both.

❏ 1 ❏ 2 ❏ 3 ❏ 4 ❏ 5 ❏ 6 ❏ 7

Read five Psalms a day—finish them in just a month.

❏ 1 ❏ 2 ❏ 3 ❏ 4 ❏ 5 ❏ 6 ❏ 7

Read the one chapter a day of the gospels: Matthew, Mark, Luke and John—you'll finish in three months. Read three chapters a day and you'll finish in only one month!

❏ Matthew ❏ 1 ❏ 2 ❏ 3 ❏ 4 ❏ 5 ❏ 6 ❏ 7

❏ Mark ❏ 1 ❏ 2 ❏ 3 ❏ 4 ❏ 5 ❏ 6 ❏ 7

❏ Luke ❏ 1 ❏ 2 ❏ 3 ❏ 4 ❏ 5 ❏ 6 ❏ 7

❏ John ❏ 1 ❏ 2 ❏ 3 ❏ 4 ❏ 5 ❏ 6 ❏ 7

My Choice:

Book: _____

❏ 1 ❏ 2 ❏ 3 ❏ 4 ❏ 5 ❏ 6 ❏ 7

Book: _____

❏ 1 ❏ 2 ❏ 3 ❏ 4 ❏ 5 ❏ 6 ❏ 7

Book: _____

❏ 1 ❏ 2 ❏ 3 ❏ 4 ❏ 5 ❏ 6 ❏ 7

Book: _____

❏ 1 ❏ 2 ❏ 3 ❏ 4 ❏ 5 ❏ 6 ❏ 7

The main point: *Read God's word everyday! You eat everyday—don't forget to get "spiritual food" from the Bible everyday. If you have trouble disciplining yourself, just resolve that you won't eat a single thing until you have first read God's word. If you commit to that, you won't have to worry about remembering to read—you'll be hungry physically and if you keep your personal commitment, you'll read first—even if it's just so you can eat! You'll begin good habits. Of course, eat if you need nutrition!*

man Christ Jesus; Who gave himself a ransom for all. 1 Timothy 2:5-6a

JANUARY

1. ☐ _____
2. ☐ _____
3. ☐ _____
4. ☐ _____
5. ☐ _____
6. ☐ _____
7. ☐ _____
8. ☐ _____
9. ☐ _____
10. ☐ _____
11. ☐ _____
12. ☐ _____
13. ☐ _____
14. ☐ _____
15. ☐ _____
16. ☐ _____
17. ☐ _____
18. ☐ _____
19. ☐ _____
20. ☐ _____
21. ☐ _____
22. ☐ _____
23. ☐ _____
24. ☐ _____
25. ☐ _____
26. ☐ _____
27. ☐ _____
28. ☐ _____
29. ☐ _____
30. ☐ _____
31. ☐ _____

FEBRUARY

1. ☐ _____
2. ☐ _____
3. ☐ _____
4. ☐ _____
5. ☐ _____
6. ☐ _____
7. ☐ _____
8. ☐ _____
9. ☐ _____
10. ☐ _____
11. ☐ _____
12. ☐ _____
13. ☐ _____
14. ☐ _____
15. ☐ _____
16. ☐ _____
17. ☐ _____
18. ☐ _____
19. ☐ _____
20. ☐ _____
21. ☐ _____
22. ☐ _____
23. ☐ _____
24. ☐ _____
25. ☐ _____
26. ☐ _____
27. ☐ _____
28. ☐ _____
29. ☐ _____

Record loved ones birthdays on their date line.

The last word in the Bible is "Amen".

MARCH

1. ☐ _____
2. ☐ _____
3. ☐ _____
4. ☐ _____
5. ☐ _____
6. ☐ _____
7. ☐ _____
8. ☐ _____
9. ☐ _____
10. ☐ _____
11. ☐ _____
12. ☐ _____
13. ☐ _____
14. ☐ _____
15. ☐ _____
16. ☐ _____
17. ☐ _____
18. ☐ _____
19. ☐ _____
20. ☐ _____
21. ☐ _____
22. ☐ _____
23. ☐ _____
24. ☐ _____
25. ☐ _____
26. ☐ _____
27. ☐ _____
28. ☐ _____
29. ☐ _____
30. ☐ _____
31. ☐ _____

APRIL

1. ☐ _____
2. ☐ _____
3. ☐ _____
4. ☐ _____
5. ☐ _____
6. ☐ _____
7. ☐ _____
8. ☐ _____
9. ☐ _____
10. ☐ _____
11. ☐ _____
12. ☐ _____
13. ☐ _____
14. ☐ _____
15. ☐ _____
16. ☐ _____
17. ☐ _____
18. ☐ _____
19. ☐ _____
20. ☐ _____
21. ☐ _____
22. ☐ _____
23. ☐ _____
24. ☐ _____
25. ☐ _____
26. ☐ _____
27. ☐ _____
28. ☐ _____
29. ☐ _____
30. ☐ _____

True? or False? Look it up: Revelation 22:

MAY

1 ☐ _____
2 ☐ _____
3 ☐ _____
4 ☐ _____
5 ☐ _____
6 ☐ _____
7 ☐ _____
8 ☐ _____
9 ☐ _____
10 ☐ _____
11 ☐ _____
12 ☐ _____
13 ☐ _____
14 ☐ _____
15 ☐ _____
16 ☐ _____
17 ☐ _____
18 ☐ _____
19 ☐ _____
20 ☐ _____
21 ☐ _____
22 ☐ _____
23 ☐ _____
24 ☐ _____
25 ☐ _____
26 ☐ _____
27 ☐ _____
28 ☐ _____
29 ☐ _____
30 ☐ _____
31 ☐ _____

JUNE

1 ☐ _____
2 ☐ _____
3 ☐ _____
4 ☐ _____
5 ☐ _____
6 ☐ _____
7 ☐ _____
8 ☐ _____
9 ☐ _____
10 ☐ _____
11 ☐ _____
12 ☐ _____
13 ☐ _____
14 ☐ _____
15 ☐ _____
16 ☐ _____
17 ☐ _____
18 ☐ _____
19 ☐ _____
20 ☐ _____
21 ☐ _____
22 ☐ _____
23 ☐ _____
24 ☐ _____
25 ☐ _____
26 ☐ _____
27 ☐ _____
28 ☐ _____
29 ☐ _____
30 ☐ _____

Record loved ones birthdays on their date line.

But he gives more grace. Wherefore he said,

JULY

1. ☐ _____
2. ☐ _____
3. ☐ _____
4. ☐ _____
5. ☐ _____
6. ☐ _____
7. ☐ _____
8. ☐ _____
9. ☐ _____
10. ☐ _____
11. ☐ _____
12. ☐ _____
13. ☐ _____
14. ☐ _____
15. ☐ _____
16. ☐ _____
17. ☐ _____
18. ☐ _____
19. ☐ _____
20. ☐ _____
21. ☐ _____
22. ☐ _____
23. ☐ _____
24. ☐ _____
25. ☐ _____
26. ☐ _____
27. ☐ _____
28. ☐ _____
29. ☐ _____
30. ☐ _____
31. ☐ _____

AUGUST

1. ☐ _____
2. ☐ _____
3. ☐ _____
4. ☐ _____
5. ☐ _____
6. ☐ _____
7. ☐ _____
8. ☐ _____
9. ☐ _____
10. ☐ _____
11. ☐ _____
12. ☐ _____
13. ☐ _____
14. ☐ _____
15. ☐ _____
16. ☐ _____
17. ☐ _____
18. ☐ _____
19. ☐ _____
20. ☐ _____
21. ☐ _____
22. ☐ _____
23. ☐ _____
24. ☐ _____
25. ☐ _____
26. ☐ _____
27. ☐ _____
28. ☐ _____
29. ☐ _____
30. ☐ _____
31. ☐ _____

God resists the proud, but gives grace unto the humble. James 4:6

SEPTEMBER

1. ❏ _____
2. ❏ _____
3. ❏ _____
4. ❏ _____
5. ❏ _____
6. ❏ _____
7. ❏ _____
8. ❏ _____
9. ❏ _____
10. ❏ _____
11. ❏ _____
12. ❏ _____
13. ❏ _____
14. ❏ _____
15. ❏ _____
16. ❏ _____
17. ❏ _____
18. ❏ _____
19. ❏ _____
20. ❏ _____
21. ❏ _____
22. ❏ _____
23. ❏ _____
24. ❏ _____
25. ❏ _____
26. ❏ _____
27. ❏ _____
28. ❏ _____
29. ❏ _____
30. ❏ _____

Record loved ones birthdays on their date line.

OCTOBER

1. ❏ _____
2. ❏ _____
3. ❏ _____
4. ❏ _____
5. ❏ _____
6. ❏ _____
7. ❏ _____
8. ❏ _____
9. ❏ _____
10. ❏ _____
11. ❏ _____
12. ❏ _____
13. ❏ _____
14. ❏ _____
15. ❏ _____
16. ❏ _____
17. ❏ _____
18. ❏ _____
19. ❏ _____
20. ❏ _____
21. ❏ _____
22. ❏ _____
23. ❏ _____
24. ❏ _____
25. ❏ _____
26. ❏ _____
27. ❏ _____
28. ❏ _____
29. ❏ _____
30. ❏ _____
31. ❏ _____

If we confess our sins, he is faithful and just to forgive us our sins,

NOVEMBER

1. ☐ _____
2. ☐ _____
3. ☐ _____
4. ☐ _____
5. ☐ _____
6. ☐ _____
7. ☐ _____
8. ☐ _____
9. ☐ _____
10. ☐ _____
11. ☐ _____
12. ☐ _____
13. ☐ _____
14. ☐ _____
15. ☐ _____
16. ☐ _____
17. ☐ _____
18. ☐ _____
19. ☐ _____
20. ☐ _____
21. ☐ _____
22. ☐ _____
23. ☐ _____
24. ☐ _____
25. ☐ _____
26. ☐ _____
27. ☐ _____
28. ☐ _____
29. ☐ _____
30. ☐ _____

DECEMBER

1. ☐ _____
2. ☐ _____
3. ☐ _____
4. ☐ _____
5. ☐ _____
6. ☐ _____
7. ☐ _____
8. ☐ _____
9. ☐ _____
10. ☐ _____
11. ☐ _____
12. ☐ _____
13. ☐ _____
14. ☐ _____
15. ☐ _____
16. ☐ _____
17. ☐ _____
18. ☐ _____
19. ☐ _____
20. ☐ _____
21. ☐ _____
22. ☐ _____
23. ☐ _____
24. ☐ _____
25. ☐ _____
26. ☐ _____
27. ☐ _____
28. ☐ _____
29. ☐ _____
30. ☐ _____
31. ☐ _____

and to cleanse us from all unrighteousness. 1 John 1:9

MY CHARACTER STRENGTHS & PERSONAL VIRTUES

1. _____	36. _____
2. _____	37. _____
3. _____	38. _____
4. _____	39. _____
5. _____	40. _____
6. _____	41. _____
7. _____	42. _____
8. _____	43. _____
9. _____	44. _____
10. _____	45. _____
11. _____	46. _____
12. _____	47. _____
13. _____	48. _____
14. _____	49. _____
15. _____	50. _____
16. _____	51. _____
17. _____	52. _____
18. _____	53. _____
19. _____	54. _____
20. _____	55. _____
21. _____	56. _____
22. _____	57. _____
23. _____	58. _____
24. _____	59. _____
25. _____	60. _____
26. _____	61. _____
27. _____	62. _____
28. _____	63. _____
29. _____	64. _____
30. _____	65. _____
31. _____	66. _____
32. _____	67. _____
33. _____	68. _____
34. _____	69. _____
35. _____	70. _____

An apple tree is mentioned in the Book

ME

First _____ Middle _____ Last _____
Address _____
Birthdate _____ Birthplace _____
Religion _____ Place of worship _____
Phone _____ Phone _____
Personal Email _____

Bicep L _____ Bicep R _____ Bust Upper ____ Bust _____ Bust Lower _____
Calf L _____ Calf R _____ Chest _____ Head _____ Hips _____
Inseam _____ Neck _____ Outseam _____ Ring _____ Shoulder _____
Sleeve _____ Thigh L _____ Thigh R _____ Waist _____ Waist Low _____

Blouse ____ Dress ____ Hat ____ Jacket ____ Levis ____ Pant ____ Shirt ____
Shorts ____ Skirt ____ Slip ____ Suit ____ Sweater ____ T Shirt ____ Yoga ____

EDUCATION & SERVICE

Grade School / Year(s) _____
_____
Middle/Jr. High School / Year(s) _____
_____
High/Cont./GED School / Year(s) _____
_____
Religious Studies / Year(s) _____
College & Degree / Year(s) _____
Graduate School & Degree / Year(s) _____
Trade/Vocational School / Year(s) _____
Military Service / Year(s) _____

WORK

Employer / Job Title _____
Address _____
Phone _____ Fax _____
Work Email _____
Website URL _____

ICE In Case of Emergency

Name _____ | _____
Address _____ | _____
Relationship _____ | _____
Phone _____ | Phone _____

of Genesis. True? or False?

MY EDUCATION & SERVICE

Grade School(s) & Year(s) _____

Middle/Jr. High School/Year(s) _____

High/Cont./GED School/Year(s) _____

Religious Studies/Year(s) _____

College & Degree/Year(s) _____

Graduate School, Degree(s), Year(s) _____

Trade/Vocational School/Year(s) _____

Military Service/Year(s) _____

Certificates/Training _____

Volunteer Service/Work _____

The wisest man according to the Bible? _ _ _ _ _ _ _ _   1 Kings 3:12

MORE ON ME

Birthdate _____
Birthplace _____
Religion/Spirituality/Belief's _____

Place of meeting or worship _____
Religious/Spiritual leader that might know me best _____
Address _____

❏ Single ❏ Engaged ❏ Married ❏ Widowed ❏ Divorced
Maiden Name (or **A**lso **K**nown **A**s): _____

Spouse's Name (or **A**lso **K**nown **A**s): _____

My closest relative **I**n **C**ase of **E**mergency _____

Other: _____
_____
_____
_____

❏ I have a library card. ❏ I have a current/valid passport.
❏ I have DMV issued REAL driver's license or ❏ REAL identification card.
❏ I have an original certificate of Baptism.
❏ I have an original or a certified copy of my birth certificate.
❏ I have an original or a certified copy of my marriage certificate.
❏ I have an original or a certified copy of the final decree of divorce.
❏ I have an easily accessible government issued original social security card.
❏ I have an original or a certified copy of each of my children's birth certificates.
❏ I have an original or a certified copy of my deceased spouse's death certificate.
❏ I am currently incarcerated and have written for reentry information:
  Root & Rebound, 1730 Franklin Street, Suite 300, Oakland, CA 94612 for:
    ❏ Confidential, **legal mail** questions
    Free "know-your-rights" **toolkits** ❏ Reentry Planning ❏ my education, my freedom
    ❏ Reentry Advocacy Center **legal hotline** Mon–Fri 9:00a–5:00p (510) 279-4662
      (accepts collect calls from the incarcerated)

The strongest man in the Bible? _ _ _ _ _ _   Judges 14, 15, 16 & Numbers 6:5

MY HEALTH

Date	Weight	BMI	Date	Weight	BMI	Date	Weight	BMI

Date	Blood Pressure	Date	Blood Pressure	Date	Blood Pressure

Height _____   Blood Type _____
Cholesterol Level   HDL _____ LD _____ TRI _____ Total _____
Allergies _____
_____
_____

❑ Dental ❑ Ob-Gyn ❑ Pediatrician ❑ Primary Physician ❑ Vision ❑ Specialist _____
Name _____
Address _____
Contact Number(s) _____

❑ Dental ❑ Ob-Gyn ❑ Pediatrician ❑ Primary Physician ❑ Vision ❑ Specialist _____
Name _____
Address _____
Contact Number(s) _____

❑ Dental ❑ Ob-Gyn ❑ Pediatrician ❑ Primary Physician ❑ Vision ❑ Specialist _____
Name _____
Address _____
Contact Number(s) _____

❑ Dental ❑ Ob-Gyn ❑ Pediatrician ❑ Primary Physician ❑ Vision ❑ Specialist _____
Name _____
Address _____
Contact Number(s) _____

❑ Dental ❑ Ob-Gyn ❑ Pediatrician ❑ Primary Physician ❑ Vision ❑ Specialist _____
Name _____
Address _____
Contact Number(s) _____

Preferred Hospital _____
Preferred Pharmacy _____

For the LORD knows the way of the righteous:

MY FAMILY

MARRIAGE

1 Spouse _____ Birthdate _____

   Wedding location _____ Date _____

   ❏ Divorce Date _____ ❏ Date Deceased _____ Cause _____

2 Spouse _____ Birthdate _____

   Wedding location _____ Date _____

   ❏ Divorce Date _____ ❏ Date Deceased _____ Cause _____

3 Spouse _____ Birthdate _____

   Wedding location _____ Date _____

   ❏ Divorce Date _____ ❏ Date Deceased _____ Cause _____

CHILDREN

1 _____ Birthdate _____
   ❏ Adopted ❏ Biological ❏ Step ❏ Deceased Date_____ Cause_____

2 _____ Birthdate _____
   ❏ Adopted ❏ Biological ❏ Step ❏ Deceased Date_____ Cause_____

3 _____ Birthdate _____
   ❏ Adopted ❏ Biological ❏ Step ❏ Deceased Date_____ Cause_____

4 _____ Birthdate _____
   ❏ Adopted ❏ Biological ❏ Step ❏ Deceased Date_____ Cause_____

5 _____ Birthdate _____
   ❏ Adopted ❏ Biological ❏ Step ❏ Deceased Date_____ Cause_____

6 _____ Birthdate _____
   ❏ Adopted ❏ Biological ❏ Step ❏ Deceased Date_____ Cause_____

7 _____ Birthdate _____
   ❏ Adopted ❏ Biological ❏ Step ❏ Deceased Date_____ Cause_____

8 _____ Birthdate _____
   ❏ Adopted ❏ Biological ❏ Step ❏ Deceased Date_____ Cause_____

9 _____ Birthdate _____
   ❏ Adopted ❏ Biological ❏ Step ❏ Deceased Date_____ Cause_____

10 _____ Birthdate _____
   ❏ Adopted ❏ Biological ❏ Step ❏ Deceased Date_____ Cause_____

but the way of the ungodly shall perish. Psalm 1:6

MY FAMILY TREE

MATERNAL

My Mother _____

❏ Adopted ❏ Biological ❏ Step ❏ Deceased Date_____ Cause _____

My Mother _____

❏ Adopted ❏ Biological ❏ Step ❏ Deceased Date_____ Cause _____

Grandmother (Mom's mom) _____

❏ Adopted ❏ Biological ❏ Step ❏ Deceased Date_____ Cause _____

Grandfather (Mom's dad) _____

❏ Adopted ❏ Biological ❏ Step ❏ Deceased Date_____ Cause _____

Great Grandmother (Grandmother's mom) _____

❏ Adopted ❏ Biological ❏ Step ❏ Deceased Date_____ Cause _____

Great Grandfather (Grandmother's dad) _____

❏ Adopted ❏ Biological ❏ Step ❏ Deceased Date_____ Cause _____

MATERNAL RELATIVES

Mother's Brothers (My Uncles), Spouses (Aunts by marriage) & children (My cousins)

Mother's Sisters (My Aunts), Spouses (Uncles by marriage) & children (My cousins)

Noah shut the door of the Ark.

MY FAMILY TREE

PATERNAL

My Father _____

❏ Adopted ❏ Biological ❏ Step ❏ Deceased Date_____ Cause _____

My Father _____

❏ Adopted ❏ Biological ❏ Step ❏ Deceased Date_____ Cause _____

Grandmother (Dad's mom) _____

❏ Adopted ❏ Biological ❏ Step ❏ Deceased Date_____ Cause _____

Grandfather (Dad's dad) _____

❏ Adopted ❏ Biological ❏ Step ❏ Deceased Date_____ Cause _____

Great Grandmother (Grandfather's mom) _____

❏ Adopted ❏ Biological ❏ Step ❏ Deceased Date_____ Cause _____

Great Grandfather (Grandfather's dad) _____

❏ Adopted ❏ Biological ❏ Step ❏ Deceased Date_____ Cause _____

PATERNAL RELATIVES

Father's Brothers (My Uncles), Spouses (Aunts by marriage) & children (My cousins)

_____|_____
_____|_____
_____|_____
_____|_____
_____|_____
_____|_____

Father's Sisters (My Aunts), Spouses (Uncles by marriage) & children (My cousins)

_____|_____
_____|_____
_____|_____
_____|_____
_____|_____
_____|_____

True? or False? Look it up: Genesis 7

MY GRANDCHILDREN & GREAT GRANDCHILDREN

1 ❏G ❏GG _____ Birthdate _____
   ❏ Adopted ❏ Biological ❏ Step ❏ Deceased   Date_____ Cause_____

2 ❏G ❏GG _____ Birthdate _____
   ❏ Adopted ❏ Biological ❏ Step ❏ Deceased   Date_____ Cause_____

3 ❏G ❏GG _____ Birthdate _____
   ❏ Adopted ❏ Biological ❏ Step ❏ Deceased   Date_____ Cause_____

4 ❏G ❏GG _____ Birthdate _____
   ❏ Adopted ❏ Biological ❏ Step ❏ Deceased   Date_____ Cause_____

5 ❏G ❏GG _____ Birthdate _____
   ❏ Adopted ❏ Biological ❏ Step ❏ Deceased   Date_____ Cause_____

6 ❏G ❏GG _____ Birthdate _____
   ❏ Adopted ❏ Biological ❏ Step ❏ Deceased   Date_____ Cause_____

7 ❏G ❏GG _____ Birthdate _____
   ❏ Adopted ❏ Biological ❏ Step ❏ Deceased   Date_____ Cause_____

8 ❏G ❏GG _____ Birthdate _____
   ❏ Adopted ❏ Biological ❏ Step ❏ Deceased   Date_____ Cause_____

9 ❏G ❏GG _____ Birthdate _____
   ❏ Adopted ❏ Biological ❏ Step ❏ Deceased   Date_____ Cause_____

10 ❏G ❏GG _____ Birthdate _____
   ❏ Adopted ❏ Biological ❏ Step ❏ Deceased   Date_____ Cause_____

11 ❏G ❏GG _____ Birthdate _____
   ❏ Adopted ❏ Biological ❏ Step ❏ Deceased   Date_____ Cause_____

12 ❏G ❏GG _____ Birthdate _____
   ❏ Adopted ❏ Biological ❏ Step ❏ Deceased   Date_____ Cause_____

13 ❏G ❏GG _____ Birthdate _____
   ❏ Adopted ❏ Biological ❏ Step ❏ Deceased   Date_____ Cause_____

14 ❏G ❏GG _____ Birthdate _____
   ❏ Adopted ❏ Biological ❏ Step ❏ Deceased   Date_____ Cause_____

15 ❏G ❏GG _____ Birthdate _____
   ❏ Adopted ❏ Biological ❏ Step ❏ Deceased   Date_____ Cause_____

16 ❏G ❏GG _____ Birthdate _____
   ❏ Adopted ❏ Biological ❏ Step ❏ Deceased   Date_____ Cause_____

Be not wise in your own eyes:

MY GRANDCHILDREN & GREAT GRANDCHILDREN

17 ❑G ❑GG _____ Birthdate _____
   ❑ Adopted ❑ Biological ❑ Step ❑ Deceased Date_____ Cause_____

18 ❑G ❑GG _____ Birthdate _____
   ❑ Adopted ❑ Biological ❑ Step ❑ Deceased Date_____ Cause_____

19 ❑G ❑GG _____ Birthdate _____
   ❑ Adopted ❑ Biological ❑ Step ❑ Deceased Date_____ Cause_____

20 ❑G ❑GG _____ Birthdate _____
   ❑ Adopted ❑ Biological ❑ Step ❑ Deceased Date_____ Cause_____

21 ❑G ❑GG _____ Birthdate _____
   ❑ Adopted ❑ Biological ❑ Step ❑ Deceased Date_____ Cause_____

22 ❑G ❑GG _____ Birthdate _____
   ❑ Adopted ❑ Biological ❑ Step ❑ Deceased Date_____ Cause_____

23 ❑G ❑GG _____ Birthdate _____
   ❑ Adopted ❑ Biological ❑ Step ❑ Deceased Date_____ Cause_____

24 ❑G ❑GG _____ Birthdate _____
   ❑ Adopted ❑ Biological ❑ Step ❑ Deceased Date_____ Cause_____

25 ❑G ❑GG _____ Birthdate _____
   ❑ Adopted ❑ Biological ❑ Step ❑ Deceased Date_____ Cause_____

26 ❑G ❑GG _____ Birthdate _____
   ❑ Adopted ❑ Biological ❑ Step ❑ Deceased Date_____ Cause_____

27 ❑G ❑GG _____ Birthdate _____
   ❑ Adopted ❑ Biological ❑ Step ❑ Deceased Date_____ Cause_____

28 ❑G ❑GG _____ Birthdate _____
   ❑ Adopted ❑ Biological ❑ Step ❑ Deceased Date_____ Cause_____

29 ❑G ❑GG _____ Birthdate _____
   ❑ Adopted ❑ Biological ❑ Step ❑ Deceased Date_____ Cause_____

30 ❑G ❑GG _____ Birthdate _____
   ❑ Adopted ❑ Biological ❑ Step ❑ Deceased Date_____ Cause_____

31 ❑G ❑GG _____ Birthdate _____
   ❑ Adopted ❑ Biological ❑ Step ❑ Deceased Date_____ Cause_____

32 ❑G ❑GG _____ Birthdate _____
   ❑ Adopted ❑ Biological ❑ Step ❑ Deceased Date_____ Cause_____

fear the LORD, and depart from evil. Proverbs 3:7

MY LOVED-ONE'S HEALTH
Injuries, Illnesses, Hospitalization, & Surgeries

Date	Family Member	Health Issue(s)

Repent, and turn yourselves from all your transgressions;

US Territories		Roman	Arabic	Temp		Military Time 24 Hour Clock			
AL	Alabama	I	1	°C	°F	0100	1:00 A	1300	1:00 P
AK	Alaska	II	2	0	32	0200	2:00 A	1400	2:00 P
AZ	Arizona	III	3	5	41	0300	3:00 A	1500	3:00 P
AR	Arkansas	IV	4	10	50	0400	4:00 A	1600	4:00 P
CA	California	V	5	15	59	0500	5:00 A	1700	5:00 P
CO	Colorado	VI	6	20	68	0600	6:00 A	1800	6:00 P
CT	Connecticut	VII	7	25	77	0700	7:00 A	1900	7:00 P
DE	Delaware	VIII	8	30	86	0800	8:00 A	2000	8:00 P
DC	District of Columbia	IX	9	35	95	0900	9:00 A	2100	9:00 P
FL	Florida	X	10	40	104	1000	10:00 A	2200	10:00 P
GA	Georgia	L	50	45	113	1100	11:00 A	2300	11:00 P
HI	Hawaii	C	100	50	122	1200	12:00 P	2400	12:00 A
ID	Idaho	D	500						
IL	Illinois	CMXCIX	999						
IN	Indiana	M	1000						

Weights & Measurements
4 tablespoons = 1/4 cup
1/4 cup = 2 ounces
1 cup = 8 ounces (oz) or 240 milliliters
1 pint = 2 cups (16 oz)
2 pints = 1 quart or 4 cups (32 oz)
8 quarts = 1 peck or 16 pints
4 pecks = 1 bushel or 32 quarts
4 quarts = 1 gallon
1 ounce = 28 grams
1/4 pound = 4 ounces
1 pound = 16 ounces
2.2 pounds = 1 kilogram (1000 grams)
12 inches = 1 foot or 30.48 centimeters
3 feet = 1 yard or .91 meters
144 square inches = 1 square foot
9 square feet = 1 square yard
1 mile = 1.6 kilometers
65 mph = 104.61 km/h
25 yard pool=1 length/1 lap
Olympic = 33 laps, Ironman = 85 laps

USPS Letter
3.5 oz or less
(about 1 Env & 2 Pages)
Min 5"w, max 11.5"w
Min 3.5"h, max 6.125"h
Add $.20 if square

USPS Postcard
Min 5"w, max 6"w
Min 3.5"h, max 4.25"h
Must be rectangular
No folds

IA Iowa
KS Kansas
KY Kentucky
LA Louisiana
ME Maine
MD Maryland
MA Massachusetts
MI Michigan
MN Minnesota
MS Mississippi
MO Missouri
MT Montana
NE Nebraska
NV Nevada
NH New Hampshire
NJ New Jersey
NM New Mexico
NY New York
NC North Carolina
ND North Dakota
OH Ohio
OK Oklahoma
OR Oregon
PA Pennsylvania
RI Rhode Island
SC South Carolina
SD South Dakota
TN Tennessee
TX Texas
UT Utah
VT Vermont
VA Virginia
WA Washington
WV West Virginia
WI Wisconsin
WY Wyoming
PR Puerto Rico
VI Virgin Islands
AS American Samoa
GU Guam
MP N Mariana Islands

Times Table

	1	2	3	4	5	6	7	8	9	10	11	12
1	1	2	3	4	5	6	7	8	9	10	11	12
2	2	4	6	8	10	12	14	16	18	20	22	24
3	3	6	9	12	15	18	21	24	27	30	33	36
4	4	8	12	16	20	24	28	32	36	40	44	48
5	5	10	15	20	25	30	35	40	45	50	55	60
6	6	12	18	24	30	36	42	48	54	60	66	72
7	7	14	21	28	35	42	49	56	63	70	77	84
8	8	16	24	32	40	48	56	64	72	80	88	96
9	9	18	27	36	45	54	63	72	81	90	99	108
10	10	20	30	40	50	60	70	80	90	100	110	120
11	11	22	33	44	55	66	77	88	99	110	121	132
12	12	24	36	48	60	72	84	96	108	120	132	144

so iniquity shall not be your ruin. Ezekiel 18:30b

January 2020
Su	Mo	Tu	We	Th	Fr	Sa
			1	2	3	4
5	6	7	8	9	10	11
12	13	14	15	16	17	18
19	20	21	22	23	24	25
26	27	28	29	30	31	

February 2020
Su	Mo	Tu	We	Th	Fr	Sa
						1
2	3	4	5	6	7	8
9	10	11	12	13	14	15
16	17	18	19	20	21	22
23	24	25	26	27	28	29

March 2020
Su	Mo	Tu	We	Th	Fr	Sa
1	2	3	4	5	6	7
8	9	10	11	12	13	14
15	16	17	18	19	20	21
22	23	24	25	26	27	28
29	30	31				

April 2020
Su	Mo	Tu	We	Th	Fr	Sa
			1	2	3	4
5	6	7	8	9	10	11
12	13	14	15	16	17	18
19	20	21	22	23	24	25
26	27	28	29	30		

May 2020
Su	Mo	Tu	We	Th	Fr	Sa
					1	2
3	4	5	6	7	8	9
10	11	12	13	14	15	16
17	18	19	20	21	22	23
24	25	26	27	28	29	30
31						

June 2020
Su	Mo	Tu	We	Th	Fr	Sa
	1	2	3	4	5	6
7	8	9	10	11	12	13
14	15	16	17	18	19	20
21	22	23	24	25	26	27
28	29	30				

July 2020
Su	Mo	Tu	We	Th	Fr	Sa
			1	2	3	4
5	6	7	8	9	10	11
12	13	14	15	16	17	18
19	20	21	22	23	24	25
26	27	28	29	30	31	

August 2020
Su	Mo	Tu	We	Th	Fr	Sa
						1
2	3	4	5	6	7	8
9	10	11	12	13	14	15
16	17	18	19	20	21	22
23	24	25	26	27	28	29
30	31					

September 2020
Su	Mo	Tu	We	Th	Fr	Sa
		1	2	3	4	5
6	7	8	9	10	11	12
13	14	15	16	17	18	19
20	21	22	23	24	25	26
27	28	29	30			

October 2020
Su	Mo	Tu	We	Th	Fr	Sa
				1	2	3
4	5	6	7	8	9	10
11	12	13	14	15	16	17
18	19	20	21	22	23	24
25	26	27	28	29	30	31

November 2020
Su	Mo	Tu	We	Th	Fr	Sa
1	2	3	4	5	6	7
8	9	10	11	12	13	14
15	16	17	18	19	20	21
22	23	24	25	26	27	28
29	30					

December 2020
Su	Mo	Tu	We	Th	Fr	Sa
		1	2	3	4	5
6	7	8	9	10	11	12
13	14	15	16	17	18	19
20	21	22	23	24	25	26
27	28	29	30	31		

As many as I love, I rebuke and chasten:

January 2021
Su	Mo	Tu	We	Th	Fr	Sa
					1	2
3	4	5	6	7	8	9
10	11	12	13	14	15	16
17	18	19	20	21	22	23
24	25	26	27	28	29	30
31						

February 2021
Su	Mo	Tu	We	Th	Fr	Sa
	1	2	3	4	5	6
7	8	9	10	11	12	13
14	15	16	17	18	19	20
21	22	23	24	25	26	27
28						

March 2021
Su	Mo	Tu	We	Th	Fr	Sa
	1	2	3	4	5	6
7	8	9	10	11	12	13
14	15	16	17	18	19	20
21	22	23	24	25	26	27
28	29	30	31			

April 2021
Su	Mo	Tu	We	Th	Fr	Sa
				1	2	3
4	5	6	7	8	9	10
11	12	13	14	15	16	17
18	19	20	21	22	23	24
25	26	27	28	29	30	

May 2021
Su	Mo	Tu	We	Th	Fr	Sa
						1
2	3	4	5	6	7	8
9	10	11	12	13	14	15
16	17	18	19	20	21	22
23	24	25	26	27	28	29
30	31					

June 2021
Su	Mo	Tu	We	Th	Fr	Sa
		1	2	3	4	5
6	7	8	9	10	11	12
13	14	15	16	17	18	19
20	21	22	23	24	25	26
27	28	29	30			

July 2021
Su	Mo	Tu	We	Th	Fr	Sa
				1	2	3
4	5	6	7	8	9	10
11	12	13	14	15	16	17
18	19	20	21	22	23	24
25	26	27	28	29	30	31

August 2021
Su	Mo	Tu	We	Th	Fr	Sa
1	2	3	4	5	6	7
8	9	10	11	12	13	14
15	16	17	18	19	20	21
22	23	24	25	26	27	28
29	30	31				

September 2021
Su	Mo	Tu	We	Th	Fr	Sa
			1	2	3	4
5	6	7	8	9	10	11
12	13	14	15	16	17	18
19	20	21	22	23	24	25
26	27	28	29	30		

October 2021
Su	Mo	Tu	We	Th	Fr	Sa
					1	2
3	4	5	6	7	8	9
10	11	12	13	14	15	16
17	18	19	20	21	22	23
24	25	26	27	28	29	30
31						

November 2021
Su	Mo	Tu	We	Th	Fr	Sa
	1	2	3	4	5	6
7	8	9	10	11	12	13
14	15	16	17	18	19	20
21	22	23	24	25	26	27
28	29	30				

December 2021
Su	Mo	Tu	We	Th	Fr	Sa
			1	2	3	4
5	6	7	8	9	10	11
12	13	14	15	16	17	18
19	20	21	22	23	24	25
26	27	28	29	30	31	

be zealous therefore, and repent.   Revelation 3:19

January 2022
Su	Mo	Tu	We	Th	Fr	Sa
						1
2	3	4	5	6	7	8
9	10	11	12	13	14	15
16	17	18	19	20	21	22
23	24	25	26	27	28	29
30	31					

February 2022
Su	Mo	Tu	We	Th	Fr	Sa
		1	2	3	4	5
6	7	8	9	10	11	12
13	14	15	16	17	18	19
20	21	22	23	24	25	26
27	28					

March 2022
Su	Mo	Tu	We	Th	Fr	Sa
		1	2	3	4	5
6	7	8	9	10	11	12
13	14	15	16	17	18	19
20	21	22	23	24	25	26
27	28	29	30	31		

April 2022
Su	Mo	Tu	We	Th	Fr	Sa
					1	2
3	4	5	6	7	8	9
10	11	12	13	14	15	16
17	18	19	20	21	22	23
24	25	26	27	28	29	30

May 2022
Su	Mo	Tu	We	Th	Fr	Sa
1	2	3	4	5	6	7
8	9	10	11	12	13	14
15	16	17	18	19	20	21
22	23	24	25	26	27	28
29	30	31				

June 2022
Su	Mo	Tu	We	Th	Fr	Sa
			1	2	3	4
5	6	7	8	9	10	11
12	13	14	15	16	17	18
19	20	21	22	23	24	25
26	27	28	29	30		

July 2022
Su	Mo	Tu	We	Th	Fr	Sa
					1	2
3	4	5	6	7	8	9
10	11	12	13	14	15	16
17	18	19	20	21	22	23
24	25	26	27	28	29	30
31						

August 2022
Su	Mo	Tu	We	Th	Fr	Sa
	1	2	3	4	5	6
7	8	9	10	11	12	13
14	15	16	17	18	19	20
21	22	23	24	25	26	27
28	29	30	31			

September 2022
Su	Mo	Tu	We	Th	Fr	Sa
				1	2	3
4	5	6	7	8	9	10
11	12	13	14	15	16	17
18	19	20	21	22	23	24
25	26	27	28	29	30	

October 2022
Su	Mo	Tu	We	Th	Fr	Sa
						1
2	3	4	5	6	7	8
9	10	11	12	13	14	15
16	17	18	19	20	21	22
23	24	25	26	27	28	29
30	31					

November 2022
Su	Mo	Tu	We	Th	Fr	Sa
		1	2	3	4	5
6	7	8	9	10	11	12
13	14	15	16	17	18	19
20	21	22	23	24	25	26
27	28	29	30			

December 2022
Su	Mo	Tu	We	Th	Fr	Sa
				1	2	3
4	5	6	7	8	9	10
11	12	13	14	15	16	17
18	19	20	21	22	23	24
25	26	27	28	29	30	31

Yet if any man suffer as a Christian, let him not be ashamed;

January 2023

Su	Mo	Tu	We	Th	Fr	Sa
1	2	3	4	5	6	7
8	9	10	11	12	13	14
15	16	17	18	19	20	21
22	23	24	25	26	27	28
29	30	31				

February 2023

Su	Mo	Tu	We	Th	Fr	Sa
			1	2	3	4
5	6	7	8	9	10	11
12	13	14	15	16	17	18
19	20	21	22	23	24	25
26	27	28				

March 2023

Su	Mo	Tu	We	Th	Fr	Sa
			1	2	3	4
5	6	7	8	9	10	11
12	13	14	15	16	17	18
19	20	21	22	23	24	25
26	27	28	29	30	31	

April 2023

Su	Mo	Tu	We	Th	Fr	Sa
						1
2	3	4	5	6	7	8
9	10	11	12	13	14	15
16	17	18	19	20	21	22
23	24	25	26	27	28	29
30						

May 2023

Su	Mo	Tu	We	Th	Fr	Sa
	1	2	3	4	5	6
7	8	9	10	11	12	13
14	15	16	17	18	19	20
21	22	23	24	25	26	27
28	29	30	31			

June 2023

Su	Mo	Tu	We	Th	Fr	Sa
				1	2	3
4	5	6	7	8	9	10
11	12	13	14	15	16	17
18	19	20	21	22	23	24
25	26	27	28	29	30	

July 2023

Su	Mo	Tu	We	Th	Fr	Sa
						1
2	3	4	5	6	7	8
9	10	11	12	13	14	15
16	17	18	19	20	21	22
23	24	25	26	27	28	29
30	31					

August 2023

Su	Mo	Tu	We	Th	Fr	Sa
		1	2	3	4	5
6	7	8	9	10	11	12
13	14	15	16	17	18	19
20	21	22	23	24	25	26
27	28	29	30	31		

September 2023

Su	Mo	Tu	We	Th	Fr	Sa
					1	2
3	4	5	6	7	8	9
10	11	12	13	14	15	16
17	18	19	20	21	22	23
24	25	26	27	28	29	30

October 2023

Su	Mo	Tu	We	Th	Fr	Sa
1	2	3	4	5	6	7
8	9	10	11	12	13	14
15	16	17	18	19	20	21
22	23	24	25	26	27	28
29	30	31				

November 2023

Su	Mo	Tu	We	Th	Fr	Sa
			1	2	3	4
5	6	7	8	9	10	11
12	13	14	15	16	17	18
19	20	21	22	23	24	25
26	27	28	29	30		

December 2023

Su	Mo	Tu	We	Th	Fr	Sa
					1	2
3	4	5	6	7	8	9
10	11	12	13	14	15	16
17	18	19	20	21	22	23
24	25	26	27	28	29	30
31						

but let him glorify God on this behalf. 1 Peter 4:16

January 2024
```
Su Mo Tu We Th Fr Sa
    1  2  3  4  5  6
 7  8  9 10 11 12 13
14 15 16 17 18 19 20
21 22 23 24 25 26 27
28 29 30 31
```

February 2024
```
Su Mo Tu We Th Fr Sa
             1  2  3
 4  5  6  7  8  9 10
11 12 13 14 15 16 17
18 19 20 21 22 23 24
25 26 27 28 29
```

March 2024
```
Su Mo Tu We Th Fr Sa
                1  2
 3  4  5  6  7  8  9
10 11 12 13 14 15 16
17 18 19 20 21 22 23
24 25 26 27 28 29 30
31
```

April 2024
```
Su Mo Tu We Th Fr Sa
    1  2  3  4  5  6
 7  8  9 10 11 12 13
14 15 16 17 18 19 20
21 22 23 24 25 26 27
28 29 30
```

May 2024
```
Su Mo Tu We Th Fr Sa
          1  2  3  4
 5  6  7  8  9 10 11
12 13 14 15 16 17 18
19 20 21 22 23 24 25
26 27 28 29 30 31
```

June 2024
```
Su Mo Tu We Th Fr Sa
                   1
 2  3  4  5  6  7  8
 9 10 11 12 13 14 15
16 17 18 19 20 21 22
23 24 25 26 27 28 29
30
```

July 2024
```
Su Mo Tu We Th Fr Sa
    1  2  3  4  5  6
 7  8  9 10 11 12 13
14 15 16 17 18 19 20
21 22 23 24 25 26 27
28 29 30 31
```

August 2024
```
Su Mo Tu We Th Fr Sa
             1  2  3
 4  5  6  7  8  9 10
11 12 13 14 15 16 17
18 19 20 21 22 23 24
25 26 27 28 29 30 31
```

September 2024
```
Su Mo Tu We Th Fr Sa
 1  2  3  4  5  6  7
 8  9 10 11 12 13 14
15 16 17 18 19 20 21
22 23 24 25 26 27 28
29 30
```

October 2024
```
Su Mo Tu We Th Fr Sa
       1  2  3  4  5
 6  7  8  9 10 11 12
13 14 15 16 17 18 19
20 21 22 23 24 25 26
27 28 29 30 31
```

November 2024
```
Su Mo Tu We Th Fr Sa
                1  2
 3  4  5  6  7  8  9
10 11 12 13 14 15 16
17 18 19 20 21 22 23
24 25 26 27 28 29 30
```

December 2024
```
Su Mo Tu We Th Fr Sa
 1  2  3  4  5  6  7
 8  9 10 11 12 13 14
15 16 17 18 19 20 21
22 23 24 25 26 27 28
29 30 31
```

For I know that my redeemer lives,

January 2025
Su	Mo	Tu	We	Th	Fr	Sa
			1	2	3	4
5	6	7	8	9	10	11
12	13	14	15	16	17	18
19	20	21	22	23	24	25
26	27	28	29	30	31	

February 2025
Su	Mo	Tu	We	Th	Fr	Sa
						1
2	3	4	5	6	7	8
9	10	11	12	13	14	15
16	17	18	19	20	21	22
23	24	25	26	27	28	

March 2025
Su	Mo	Tu	We	Th	Fr	Sa
						1
2	3	4	5	6	7	8
9	10	11	12	13	14	15
16	17	18	19	20	21	22
23	24	25	26	27	28	29
30	31					

April 2025
Su	Mo	Tu	We	Th	Fr	Sa
		1	2	3	4	5
6	7	8	9	10	11	12
13	14	15	16	17	18	19
20	21	22	23	24	25	26
27	28	29	30			

May 2025
Su	Mo	Tu	We	Th	Fr	Sa
				1	2	3
4	5	6	7	8	9	10
11	12	13	14	15	16	17
18	19	20	21	22	23	24
25	26	27	28	29	30	31

June 2025
Su	Mo	Tu	We	Th	Fr	Sa
1	2	3	4	5	6	7
8	9	10	11	12	13	14
15	16	17	18	19	20	21
22	23	24	25	26	27	28
29	30					

July 2025
Su	Mo	Tu	We	Th	Fr	Sa
		1	2	3	4	5
6	7	8	9	10	11	12
13	14	15	16	17	18	19
20	21	22	23	24	25	26
27	28	29	30	31		

August 2025
Su	Mo	Tu	We	Th	Fr	Sa
					1	2
3	4	5	6	7	8	9
10	11	12	13	14	15	16
17	18	19	20	21	22	23
24	25	26	27	28	29	30
31						

September 2025
Su	Mo	Tu	We	Th	Fr	Sa
	1	2	3	4	5	6
7	8	9	10	11	12	13
14	15	16	17	18	19	20
21	22	23	24	25	26	27
28	29	30				

October 2025
Su	Mo	Tu	We	Th	Fr	Sa
			1	2	3	4
5	6	7	8	9	10	11
12	13	14	15	16	17	18
19	20	21	22	23	24	25
26	27	28	29	30	31	

November 2025
Su	Mo	Tu	We	Th	Fr	Sa
						1
2	3	4	5	6	7	8
9	10	11	12	13	14	15
16	17	18	19	20	21	22
23	24	25	26	27	28	29
30						

December 2025
Su	Mo	Tu	We	Th	Fr	Sa
	1	2	3	4	5	6
7	8	9	10	11	12	13
14	15	16	17	18	19	20
21	22	23	24	25	26	27
28	29	30	31			

and that he shall stand at the latter day upon the earth: Job 19:25

Month:_____

Sunday	Monday	Tuesday	Wednesday

Make your own Monthly Planner

Year:_____

Thursday	Friday	Saturday	Notes:

***Don't write on this**—Use it as a master to photocopy or hand draw on plain paper.*

YEARLY HOLIDAYS

Jan 1	New Year's Day
Sun on or before Jan 6	Epiphany (Magi—wise men visited Jesus)
3rd Mon in Jan or 1/15	Martin Luther King Day
Feb 2	Groundhog Day
Feb 12	Lincoln's Birthday
3rd Monday in Feb	President's Day
Feb 14	Valentine's Day
Feb 22	Washington's Day
46 days before Easter	Ash Wednesday (Beginning of 40 day fast)
Mar 17	St. Patrick's Day
15th thru 22nd of Hebrew Nissan	Passover
Sun before Easter	Palm Sunday
Thurs before Easter	Maundy Thursday (Last Supper)
Fri before Easter	Good Friday (Jesus crucified)
1st Sun after 1st full moon after spring Equinox	Resurrection Day / Easter (Jesus rose from the dead)
Apr 15	US Taxes due
Apr 16	Emancipation Day (Slaves free of servitude)
May 5	Cinco de Mayo (Mexican Army defeated French)
40 days after Easter	Ascension Day (Jesus taken up to heaven)
50 days after Easter	Pentecost (The Holy Spirit of God upon Believers)
2nd Sun in May	Mother's Day
3rd Sat	Armed Forces Day (Honor military forces)
Last Mon in May	Memorial Day (Remember soldiers who died)
Jun 14	Flag Day (Adoption of US flag in 1777)
Jun 19	Juneteenth (Announced abolition of slavery)
3rd Sun in Jun	Father's Day
Jul 4	Fourth of July (Declaration of Independence 1776)
1st Mon in Sep	Labor Day (Tribute to workers)
1st Sun after Labor Day	Grandparents Day
Sep 11	Patriot Day (Day of remembrance 9-11-2001)
2nd Mon in Oct	Columbus Day
Oct 31	All Hallows' Eve
1st Tue in Nov following 1st Mon	US Election Day
Nov 11	Veterans Day (Honor US Armed Forces)
4th Thr in Nov	Thanksgiving Day (Give thanks to God)
Dec 7	Pearl Harbor Day (Japanese attack on US WWII)
4th Sun before Christmas	Advent (Expectant and prep for Nativity of Jesus)
Dec 24	Christmas Eve
Dec 25	Christmas Day (Birth of Jesus the Christ, Lord, Savior)
Dec 26	Boxing Day (Servants receive gifts via Christmas box)
Dec 31	Watchnight (Review past year, confess, pray, resolve)
Leap Year	2024, 2028, 2032, 2036, 2040, 2044, 2048, 2052

For God has not given us the spirit of fear,

USA DAYLIGHT SAVINGS TIME — CHANGE CLOCKS AT 2:00 A.M.

Begins	Sunday, March 14, 2021		Begins	Sunday, March 10, 2024
Ends	Sunday, November 7, 2021		Ends	Sunday, November 3, 2024
Begins	Sunday, March 13, 2022		Begins	Sunday, March 9, 2025
Ends	Sunday, November 6, 2022		Ends	Sunday, November 2, 2025
Begins	Sunday, March 12, 2023		Begins	Sunday, March 8, 2026
Ends	Sunday, November 5, 2023		Ends	Sunday, November 1, 2026

CALENDAR for 1938, '49 '55 '66 '77 '83 '94 — 2005 '11 '22 '33 '39 '50 '61 '67

January
SU	M	T	W	T	F	S
						1
2	3	4	5	6	7	8
9	10	11	12	13	14	15
16	17	18	19	20	21	22
23	24	25	26	27	28	29
30	31					

February
SU	M	T	W	T	F	S
		1	2	3	4	5
6	7	8	9	10	11	12
13	14	15	16	17	18	19
20	21	22	23	24	25	26
27	28					

March
SU	M	T	W	T	F	S
		1	2	3	4	5
6	7	8	9	10	11	12
13	14	15	16	17	18	19
20	21	22	23	24	25	26
27	28	29	30	31		

April
SU	M	T	W	T	F	S
					1	2
3	4	5	6	7	8	9
10	11	12	13	14	15	16
17	18	19	20	21	22	23
24	25	26	27	28	29	30

May
SU	M	T	W	T	F	S
1	2	3	4	5	6	7
8	9	10	11	12	13	14
15	16	17	18	19	20	21
22	23	24	25	26	27	28
29	30	31				

June
SU	M	T	W	T	F	S
			1	2	3	4
5	6	7	8	9	10	11
12	13	14	15	16	17	18
19	20	21	22	23	24	25
26	27	28	29	30		

July
SU	M	T	W	T	F	S
					1	2
3	4	5	6	7	8	9
10	11	12	13	14	15	16
17	18	19	20	21	22	23
24	25	26	27	28	29	30
31						

August
SU	M	T	W	T	F	S
	1	2	3	4	5	6
7	8	9	10	11	12	13
14	15	16	17	18	19	20
21	22	23	24	25	26	27
28	29	30	31			

September
SU	M	T	W	T	F	S
				1	2	3
4	5	6	7	8	9	10
11	12	13	14	15	16	17
18	19	20	21	22	23	24
25	26	27	28	29	30	

October
SU	M	T	W	T	F	S
						1
2	3	4	5	6	7	8
9	10	11	12	13	14	15
16	17	18	19	20	21	22
23	24	25	26	27	28	29
30	31					

November
SU	M	T	W	T	F	S
		1	2	3	4	5
6	7	8	9	10	11	12
13	14	15	16	17	18	19
20	21	22	23	24	25	26
27	28	29	30			

December
SU	M	T	W	T	F	S
				1	2	3
4	5	6	7	8	9	10
11	12	13	14	15	16	17
18	19	20	21	22	23	24
25	26	27	28	29	30	31

CALENDAR for 1933 '39 '50 '61 '67 '78 '89 '95 — 2006 '17 '23 '34 '45 '51 '62

January
SU	M	T	W	T	F	S
1	2	3	4	5	6	7
8	9	10	11	12	13	14
15	16	17	18	19	20	21
22	23	24	25	26	27	28
29	30	31				

February
SU	M	T	W	T	F	S
			1	2	3	4
5	6	7	8	9	10	11
12	13	14	15	16	17	18
19	20	21	22	23	24	25
26	27	28				

March
SU	M	T	W	T	F	S
			1	2	3	4
5	6	7	8	9	10	11
12	13	14	15	16	17	18
19	20	21	22	23	24	25
26	27	28	29	30	31	

April
SU	M	T	W	T	F	S
						1
2	3	4	5	6	7	8
9	10	11	12	13	14	15
16	17	18	19	20	21	22
23	24	25	26	27	28	29
30						

May
SU	M	T	W	T	F	S
	1	2	3	4	5	6
7	8	9	10	11	12	13
14	15	16	17	18	19	20
21	22	23	24	25	26	27
28	29	30	31			

June
SU	M	T	W	T	F	S
				1	2	3
4	5	6	7	8	9	10
11	12	13	14	15	16	17
18	19	20	21	22	23	24
25	26	27	28	29	30	

July
SU	M	T	W	T	F	S
						1
2	3	4	5	6	7	8
9	10	11	12	13	14	15
16	17	18	19	20	21	22
23	24	25	26	27	28	29
30	31					

August
SU	M	T	W	T	F	S
		1	2	3	4	5
6	7	8	9	10	11	12
13	14	15	16	17	18	19
20	21	22	23	24	25	26
27	28	29	30	31		

September
SU	M	T	W	T	F	S
					1	2
3	4	5	6	7	8	9
10	11	12	13	14	15	16
17	18	19	20	21	22	23
24	25	26	27	28	29	30

October
SU	M	T	W	T	F	S
1	2	3	4	5	6	7
8	9	10	11	12	13	14
15	16	17	18	19	20	21
22	23	24	25	26	27	28
29	30	31				

November
SU	M	T	W	T	F	S
			1	2	3	4
5	6	7	8	9	10	11
12	13	14	15	16	17	18
19	20	21	22	23	24	25
26	27	28	29	30		

December
SU	M	T	W	T	F	S
					1	2
3	4	5	6	7	8	9
10	11	12	13	14	15	16
17	18	19	20	21	22	23
24	25	26	27	28	29	30
31						

but of power, and of love, and of a sound mind. 2 Timothy 1:7

CALENDAR for 1940 '68 '96 — 2024 '52

January
SU	M	T	W	T	F	S
	1	2	3	4	5	6
7	8	9	10	11	12	13
14	15	16	17	18	19	20
21	22	23	24	25	26	27
28	29	30	31			

February
SU	M	T	W	T	F	S
				1	2	3
4	5	6	7	8	9	10
11	12	13	14	15	16	17
18	19	20	21	22	23	24
25	26	27	28	29		

March
SU	M	T	W	T	F	S
					1	2
3	4	5	6	7	8	9
10	11	12	13	14	15	16
17	18	19	20	21	22	23
24	25	26	27	28	29	30
31						

April
SU	M	T	W	T	F	S
	1	2	3	4	5	6
7	8	9	10	11	12	13
14	15	16	17	18	19	20
21	22	23	24	25	26	27
28	29	30				

May
SU	M	T	W	T	F	S
			1	2	3	4
5	6	7	8	9	10	11
12	13	14	15	16	17	18
19	20	21	22	23	24	25
26	27	28	29	30	31	

June
SU	M	T	W	T	F	S
						1
2	3	4	5	6	7	8
9	10	11	12	13	14	15
16	17	18	19	20	21	22
23	24	25	26	27	28	29
30						

July
SU	M	T	W	T	F	S
	1	2	3	4	5	6
7	8	9	10	11	12	13
14	15	16	17	18	19	20
21	22	23	24	25	26	27
28	29	30	31			

August
SU	M	T	W	T	F	S
				1	2	3
4	5	6	7	8	9	10
11	12	13	14	15	16	17
18	19	20	21	22	23	24
25	26	27	28	29	30	31

September
SU	M	T	W	T	F	S
1	2	3	4	5	6	7
8	9	10	11	12	13	14
15	16	17	18	19	20	21
22	23	24	25	26	27	28
29	30					

October
SU	M	T	W	T	F	S
		1	2	3	4	5
6	7	8	9	10	11	12
13	14	15	16	17	18	19
20	21	22	23	24	25	26
27	28	29	30	31		

November
SU	M	T	W	T	F	S
					1	2
3	4	5	6	7	8	9
10	11	12	13	14	15	16
17	18	19	20	21	22	23
24	25	26	27	28	29	30

December
SU	M	T	W	T	F	S
1	2	3	4	5	6	7
8	9	10	11	12	13	14
15	16	17	18	19	20	21
22	23	24	25	26	27	28
29	30	31				

CALENDAR for 1930 '41 '47 '58 '69 '75 '86 '97 — 2003 '14 '25 '31 '42 '53 '59

January
SU	M	T	W	T	F	S
			1	2	3	4
5	6	7	8	9	10	11
12	13	14	15	16	17	18
19	20	21	22	23	24	25
26	27	28	29	30	31	

February
SU	M	T	W	T	F	S
						1
2	3	4	5	6	7	8
9	10	11	12	13	14	15
16	17	18	19	20	21	22
23	24	25	26	27	28	

March
SU	M	T	W	T	F	S
1						1
2	3	4	5	6	7	8
9	10	11	12	13	14	15
16	17	18	19	20	21	22
23	24	25	26	27	28	29
30	31					

April
SU	M	T	W	T	F	S
			1	2	3	4
5						
6	7	8	9	10	11	12
13	14	15	16	17	18	19
20	21	22	23	24	25	26
27	28	29	30			

May
SU	M	T	W	T	F	S
				1	2	3
4	5	6	7	8	9	10
11	12	13	14	15	16	17
18	19	20	21	22	23	24
25	26	27	28	29	30	31

June
SU	M	T	W	T	F	S
1	2	3	4	5	6	7
8	9	10	11	12	13	14
15	16	17	18	19	20	21
22	23	24	25	26	27	28
29	30					

July
SU	M	T	W	T	F	S
		1	2	3	4	5
6	7	8	9	10	11	12
13	14	15	16	17	18	19
20	21	22	23	24	25	26
27	28	29	30	31		

August
SU	M	T	W	T	F	S
					1	2
3	4	5	6	7	8	9
10	11	12	13	14	15	16
17	18	19	20	21	22	23
24	25	26	27	28	29	30
31						

September
SU	M	T	W	T	F	S
	1	2	3	4	5	6
7	8	9	10	11	12	13
14	15	16	17	18	19	20
21	22	23	24	25	26	27
28	29	30				

October
SU	M	T	W	T	F	S
			1	2	3	4
5	6	7	8	9	10	11
12	13	14	15	16	17	18
19	20	21	22	23	24	25
26	27	28	29	30	31	

November
SU	M	T	W	T	F	S
						1
2	3	4	5	6	7	8
9	10	11	12	13	14	15
16	17	18	19	20	21	22
23	24	25	26	27	28	29
30						

December
SU	M	T	W	T	F	S
	1	2	3	4	5	6
7	8	9	10	11	12	13
14	15	16	17	18	19	20
21	22	23	24	25	26	27
28	29	30	31			

CALENDAR for 1931 '42 '53 '59 '70 '81 '87 '98 — 2009 '15 '26 '37 '43 '54 '65

January
SU	M	T	W	T	F	S
				1	2	3
4	5	6	7	8	9	10
11	12	13	14	15	16	17
18	19	20	21	22	23	24
25	26	27	28	29	30	31

February
SU	M	T	W	T	F	S
1	2	3	4	5	6	7
8	9	10	11	12	13	14
15	16	17	18	19	20	21
22	23	24	25	26	27	28

March
SU	M	T	W	T	F	S
1	2	3	4	5	6	7
8	9	10	11	12	13	14
15	16	17	18	19	20	21
22	23	24	25	26	27	28
29	30	31				

April
SU	M	T	W	T	F	S
			1	2	3	4
5	6	7	8	9	10	11
12	13	14	15	16	17	18
19	20	21	22	23	24	25
26	27	28	29	30		

May
SU	M	T	W	T	F	S
					1	2
3	4	5	6	7	8	9
10	11	12	13	14	15	16
17	18	19	20	21	22	23
24	25	26	27	28	29	30
31						

June
SU	M	T	W	T	F	S
	1	2	3	4	5	6
7	8	9	10	11	12	13
14	15	16	17	18	19	20
21	22	23	24	25	26	27
28	29	30				

July
SU	M	T	W	T	F	S
			1	2	3	4
5	6	7	8	9	10	11
12	13	14	15	16	17	18
19	20	21	22	23	24	25
26	27	28	29	30	31	

August
SU	M	T	W	T	F	S
						1
2	3	4	5	6	7	8
9	10	11	12	13	14	15
16	17	18	19	20	21	22
23	24	25	26	27	28	29
30	31					

September
SU	M	T	W	T	F	S
		1	2	3	4	5
6	7	8	9	10	11	12
13	14	15	16	17	18	19
20	21	22	23	24	25	26
27	28	29	30			

October
SU	M	T	W	T	F	S
				1	2	3
4	5	6	7	8	9	10
11	12	13	14	15	16	17
18	19	20	21	22	23	24
25	26	27	28	29	30	31

November
SU	M	T	W	T	F	S
1	2	3	4	5	6	7
8	9	10	11	12	13	14
15	16	17	18	19	20	21
22	23	24	25	26	27	28
29	30					

December
SU	M	T	W	T	F	S
		1	2	3	4	5
6	7	8	9	10	11	12
13	14	15	16	17	18	19
20	21	22	23	24	25	26
27	28	29	30	31		

...For You, LORD, are good, and ready to forgive; and plenteous

CALENDAR for 1937 '43 '54 '65 '71 '82 '93 '99 — 2010 '21 '27 '38 '49 '55 '66

January
```
SU  M  T  W  T  F  S
                1  2
 3  4  5  6  7  8  9
10 11 12 13 14 15 16
17 18 19 20 21 22 23
24 25 26 27 28 29 30
31
```

February
```
SU  M  T  W  T  F  S
    1  2  3  4  5  6
 7  8  9 10 11 12 13
14 15 16 17 18 19 20
21 22 23 24 25 26 27
28
```

March
```
SU  M  T  W  T  F  S
    1  2  3  4  5  6
 7  8  9 10 11 12 13
14 15 16 17 18 19 20
21 22 23 24 25 26 27
28 29 30 31
```

April
```
SU  M  T  W  T  F  S
             1  2  3
 4  5  6  7  8  9 10
11 12 13 14 15 16 17
18 19 20 21 22 23 24
25 26 27 28 29 30
```

May
```
SU  M  T  W  T  F  S
                   1
 2  3  4  5  6  7  8
 9 10 11 12 13 14 15
16 17 18 19 20 21 22
23 24 25 26 27 28 29
30 31
```

June
```
SU  M  T  W  T  F  S
       1  2  3  4  5
 6  7  8  9 10 11 12
13 14 15 16 17 18 19
20 21 22 23 24 25 26
27 28 29 30
```

July
```
SU  M  T  W  T  F  S
                1  2  3
 4  5  6  7  8  9 10
11 12 13 14 15 16 17
18 19 20 21 22 23 24
25 26 27 28 29 30 31
```

August
```
SU  M  T  W  T  F  S
 1  2  3  4  5  6  7
 8  9 10 11 12 13 14
15 16 17 18 19 20 21
22 23 24 25 26 27 28
29 30 31
```

September
```
SU  M  T  W  T  F  S
          1  2  3  4
 5  6  7  8  9 10 11
12 13 14 15 16 17 18
19 20 21 22 23 24 25
26 27 28 29 30
```

October
```
SU  M  T  W  T  F  S
                1  2
 3  4  5  6  7  8  9
10 11 12 13 14 15 16
17 18 19 20 21 22 23
24 25 26 27 28 29 30
31
```

November
```
SU  M  T  W  T  F  S
    1  2  3  4  5  6
 7  8  9 10 11 12 13
14 15 16 17 18 19 20
21 22 23 24 25 26 27
28 29 30
```

December
```
SU  M  T  W  T  F  S
          1  2  3  4
 5  6  7  8  9 10 11
12 13 14 15 16 17 18
19 20 21 22 23 24 25
26 27 28 29 30 31
```

CALENDAR for 1944 '72 — 2000 '28 '56

January
```
SU  M  T  W  T  F  S
                   1
 2  3  4  5  6  7  8
 9 10 11 12 13 14 15
16 17 18 19 20 21 22
23 24 25 26 27 28 29
30 31
```

February
```
SU  M  T  W  T  F  S
       1  2  3  4  5
 6  7  8  9 10 11 12
13 14 15 16 17 18 19
20 21 22 23 24 25 26
27 28 29
```

March
```
SU  M  T  W  T  F  S
                1  2  3  4
 5  6  7  8  9 10 11
12 13 14 15 16 17 18
19 20 21 22 23 24 25
26 27 28 29 30 31
```

April
```
SU  M  T  W  T  F  S
                   1
 2  3  4  5  6  7  8
 9 10 11 12 13 14 15
16 17 18 19 20 21 22
23 24 25 26 27 28 29
30
```

May
```
SU  M  T  W  T  F  S
    1  2  3  4  5  6
 7  8  9 10 11 12 13
14 15 16 17 18 19 20
21 22 23 24 25 26 27
28 29 30 31
```

June
```
SU  M  T  W  T  F  S
             1  2  3
 4  5  6  7  8  9 10
11 12 13 14 15 16 17
18 19 20 21 22 23 24
25 26 27 28 29 30
```

July
```
SU  M  T  W  T  F  S
                   1
 2  3  4  5  6  7  8
 9 10 11 12 13 14 15
16 17 18 19 20 21 22
23 24 25 26 27 28 29
30 31
```

August
```
SU  M  T  W  T  F  S
       1  2  3  4  5
 6  7  8  9 10 11 12
13 14 15 16 17 18 19
20 21 22 23 24 25 26
27 28 29 30 31
```

September
```
SU  M  T  W  T  F  S
                1  2
 3  4  5  6  7  8  9
10 11 12 13 14 15 16
17 18 19 20 21 22 23
24 25 26 27 28 29 30
```

October
```
SU  M  T  W  T  F  S
 1  2  3  4  5  6  7
 8  9 10 11 12 13 14
15 16 17 18 19 20 21
22 23 24 25 26 27 28
29 30 31
```

November
```
SU  M  T  W  T  F  S
          1  2  3  4
 5  6  7  8  9 10 11
12 13 14 15 16 17 18
19 20 21 22 23 24 25
26 27 28 29 30
```

December
```
SU  M  T  W  T  F  S
                1  2
 3  4  5  6  7  8  9
10 11 12 13 14 15 16
17 18 19 20 21 22 23
24 25 26 27 28 29 30
31
```

CALENDAR for 1934 '45 '51 '62 '73 '79 '90 — 2001 '07 '18 '29 '35 '46 '57 '63

January
```
SU  M  T  W  T  F  S
    1  2  3  4  5  6
 7  8  9 10 11 12 13
14 15 16 17 18 19 20
21 22 23 24 25 26 27
28 29 30 31
```

February
```
SU  M  T  W  T  F  S
             1  2  3
 4  5  6  7  8  9 10
11 12 13 14 15 16 17
18 19 20 21 22 23 24
25 26 27 28
```

March
```
SU  M  T  W  T  F  S
             1  2  3
 4  5  6  7  8  9 10
11 12 13 14 15 16 17
18 19 20 21 22 23 24
25 26 27 28 29 30 31
```

April
```
SU  M  T  W  T  F  S
 1  2  3  4  5  6  7
 8  9 10 11 12 13 14
15 16 17 18 19 20 21
22 23 24 25 26 27 28
29 30
```

May
```
SU  M  T  W  T  F  S
       1  2  3  4  5
 6  7  8  9 10 11 12
13 14 15 16 17 18 19
20 21 22 23 24 25 26
27 28 29 30 31
```

June
```
SU  M  T  W  T  F  S
                1  2
 3  4  5  6  7  8  9
10 11 12 13 14 15 16
17 18 19 20 21 22 23
24 25 26 27 28 29 30
```

July
```
SU  M  T  W  T  F  S
 1  2  3  4  5  6  7
 8  9 10 11 12 13 14
15 16 17 18 19 20 21
22 23 24 25 26 27 28
29 30 31
```

August
```
SU  M  T  W  T  F  S
             1  2  3  4
 5  6  7  8  9 10 11
12 13 14 15 16 17 18
19 20 21 22 23 24 25
26 27 28 29 30 31
```

September
```
SU  M  T  W  T  F  S
                   1
 2  3  4  5  6  7  8
 9 10 11 12 13 14 15
16 17 18 19 20 21 22
23 24 25 26 27 28 29
30
```

October
```
SU  M  T  W  T  F  S
       1  2  3  4  5  6
 7  8  9 10 11 12 13
14 15 16 17 18 19 20
21 22 23 24 25 26 27
28 29 30 31
```

November
```
SU  M  T  W  T  F  S
                1  2  3
 4  5  6  7  8  9 10
11 12 13 14 15 16 17
18 19 20 21 22 23 24
25 26 27 28 29 30
```

December
```
SU  M  T  W  T  F  S
                   1
 2  3  4  5  6  7  8
 9 10 11 12 13 14 15
16 17 18 19 20 21 22
23 24 25 26 27 28 29
30 31
```

in mercy to all them that call upon You. Psalm 86:5

So then faith comes by hearing,

CALENDAR for 1928 '56 '84 — 2012 '40 '68

January
SU	M	T	W	T	F	S
1	2	3	4	5	6	7
8	9	10	11	12	13	14
15	16	17	18	19	20	21
22	23	24	25	26	27	28
29	30	31				

February
SU	M	T	W	T	F	S
			1	2	3	4
5	6	7	8	9	10	11
12	13	14	15	16	17	18
19	20	21	22	23	24	25
26	27	28	29			

March
SU	M	T	W	T	F	S
				1	2	3
4	5	6	7	8	9	10
11	12	13	14	15	16	17
18	19	20	21	22	23	24
25	26	27	28	29	30	31

April
SU	M	T	W	T	F	S
1	2	3	4	5	6	7
8	9	10	11	12	13	14
15	16	17	18	19	20	21
22	23	24	25	26	27	28
29	30					

May
SU	M	T	W	T	F	S
		1	2	3	4	5
6	7	8	9	10	11	12
13	14	15	16	17	18	19
20	21	22	23	24	25	26
27	28	29	30	31		

June
SU	M	T	W	T	F	S
					1	2
3	4	5	6	7	8	9
10	11	12	13	14	15	16
17	18	19	20	21	22	23
24	25	26	27	28	29	30

July
SU	M	T	W	T	F	S
1	2	3	4	5	6	7
8	9	10	11	12	13	14
15	16	17	18	19	20	21
22	23	24	25	26	27	28
29	30	31				

August
SU	M	T	W	T	F	S
			1	2	3	4
5	6	7	8	9	10	11
12	13	14	15	16	17	18
19	20	21	22	23	24	25
26	27	28	29	30	31	

September
SU	M	T	W	T	F	S
						1
2	3	4	5	6	7	8
9	10	11	12	13	14	15
16	17	18	19	20	21	22
23	24	25	26	27	28	29
30						

October
SU	M	T	W	T	F	S
	1	2	3	4	5	6
7	8	9	10	11	12	13
14	15	16	17	18	19	20
21	22	23	24	25	26	27
28	29	30	31			

November
SU	M	T	W	T	F	S
				1	2	3
4	5	6	7	8	9	10
11	12	13	14	15	16	17
18	19	20	21	22	23	24
25	26	27	28	29	30	

December
SU	M	T	W	T	F	S
						1
2	3	4	5	6	7	8
9	10	11	12	13	14	15
16	17	18	19	20	21	22
23	24	25	26	27	28	29
30	31					

CALENDAR for 1932 '60 '88 — 2016 '44 '72

January
SU	M	T	W	T	F	S
					1	2
3	4	5	6	7	8	9
10	11	12	13	14	15	16
17	18	19	20	21	22	23
24	25	26	27	28	29	30
31						

February
SU	M	T	W	T	F	S
	1	2	3	4	5	6
7	8	9	10	11	12	13
14	15	16	17	18	19	20
21	22	23	24	25	26	27
28	29					

March
SU	M	T	W	T	F	S
		1	2	3	4	5
6	7	8	9	10	11	12
13	14	15	16	17	18	19
20	21	22	23	24	25	26
27	28	29	30	31		

April
SU	M	T	W	T	F	S
					1	2
3	4	5	6	7	8	9
10	11	12	13	14	15	16
17	18	19	20	21	22	23
24	25	26	27	28	29	30

May
SU	M	T	W	T	F	S
1	2	3	4	5	6	7
8	9	10	11	12	13	14
15	16	17	18	19	20	21
22	23	24	25	26	27	28
29	30	31				

June
SU	M	T	W	T	F	S
			1	2	3	4
5	6	7	8	9	10	11
12	13	14	15	16	17	18
19	20	21	22	23	24	25
26	27	28	29	30		

July
SU	M	T	W	T	F	S
					1	2
3	4	5	6	7	8	9
10	11	12	13	14	15	16
17	18	19	20	21	22	23
24	25	26	27	28	29	30
31						

August
SU	M	T	W	T	F	S
	1	2	3	4	5	6
7	8	9	10	11	12	13
14	15	16	17	18	19	20
21	22	23	24	25	26	27
28	29	30	31			

September
SU	M	T	W	T	F	S
				1	2	3
4	5	6	7	8	9	10
11	12	13	14	15	16	17
18	19	20	21	22	23	24
25	26	27	28	29	30	

October
SU	M	T	W	T	F	S
						1
2	3	4	5	6	7	8
9	10	11	12	13	14	15
16	17	18	19	20	21	22
23	24	25	26	27	28	29
30	31					

November
SU	M	T	W	T	F	S
		1	2	3	4	5
6	7	8	9	10	11	12
13	14	15	16	17	18	19
20	21	22	23	24	25	26
27	28	29	30			

December
SU	M	T	W	T	F	S
				1	2	3
4	5	6	7	8	9	10
11	12	13	14	15	16	17
18	19	20	21	22	23	24
25	26	27	28	29	30	31

CALENDAR for 1936 '64 '92 — 2020 '48 '76

January
SU	M	T	W	T	F	S
			1	2	3	4
5	6	7	8	9	10	11
12	13	14	15	16	17	18
19	20	21	22	23	24	25
26	27	28	29	30	31	

February
SU	M	T	W	T	F	S
						1
2	3	4	5	6	7	8
9	10	11	12	13	14	15
16	17	18	19	20	21	22
23	24	25	26	27	28	29

March
SU	M	T	W	T	F	S
1	2	3	4	5	6	7
8	9	10	11	12	13	14
15	16	17	18	19	20	21
22	23	24	25	26	27	28
29	30	31				

April
SU	M	T	W	T	F	S
			1	2	3	4
5	6	7	8	9	10	11
12	13	14	15	16	17	18
19	20	21	22	23	24	25
26	27	28	29	30		

May
SU	M	T	W	T	F	S
					1	2
3	4	5	6	7	8	9
10	11	12	13	14	15	16
17	18	19	20	21	22	23
24	25	26	27	28	29	30
31						

June
SU	M	T	W	T	F	S
	1	2	3	4	5	6
7	8	9	10	11	12	13
14	15	16	17	18	19	20
21	22	23	24	25	26	27
28	29	30				

July
SU	M	T	W	T	F	S
			1	2	3	4
5	6	7	8	9	10	11
12	13	14	15	16	17	18
19	20	21	22	23	24	25
26	27	28	29	30	31	

August
SU	M	T	W	T	F	S
						1
2	3	4	5	6	7	8
9	10	11	12	13	14	15
16	17	18	19	20	21	22
23	24	25	26	27	28	29
30	31					

September
SU	M	T	W	T	F	S
		1	2	3	4	5
6	7	8	9	10	11	12
13	14	15	16	17	18	19
20	21	22	23	24	25	26
27	28	29	30			

October
SU	M	T	W	T	F	S
				1	2	3
4	5	6	7	8	9	10
11	12	13	14	15	16	17
18	19	20	21	22	23	24
25	26	27	28	29	30	31

November
SU	M	T	W	T	F	S
1	2	3	4	5	6	7
8	9	10	11	12	13	14
15	16	17	18	19	20	21
22	23	24	25	26	27	28
29	30					

December
SU	M	T	W	T	F	S
		1	2	3	4	5
6	7	8	9	10	11	12
13	14	15	16	17	18	19
20	21	22	23	24	25	26
27	28	29	30	31		

and hearing by the word of God. Romans 10:17

BEST BOOKS OF ALL TIME

1. _____
2. _____
3. _____
4. _____
5. _____
6. _____
7. _____
8. _____
9. _____
10. _____
11. _____
12. _____
13. _____
14. _____
15. _____
16. _____
17. _____
18. _____
19. _____
20. _____
21. _____
22. _____
23. _____
24. _____
25. _____
26. _____
27. _____
28. _____
29. _____
30. _____
31. _____
32. _____
33. _____
34. _____
35. _____
36. _____
37. _____
38. _____
39. _____
40. _____
41. _____
42. _____
43. _____
44. _____
45. _____
46. _____
47. _____
48. _____
49. _____
50. _____
51. _____
52. _____
53. _____
54. _____
55. _____
56. _____
57. _____
58. _____
59. _____
60. _____
61. _____
62. _____
63. _____
64. _____
65. _____
66. _____
67. _____
68. _____
69. _____
70. _____

Behold, the eye of the LORD is upon them that fear him,

BEST DECISIONS I'VE EVER MADE

1. ___
2. ___
3. ___
4. ___
5. ___
6. ___
7. ___
8. ___
9. ___
10. ___
11. ___
12. ___
13. ___
14. ___
15. ___
16. ___

upon them that hope in his mercy; Psalm 33:18

BEST SHOWS OR MOVIES OF ALL TIME

1.
2.
3.
4.
5.
6.
7.
8.
9.
10.
11.
12.
13.
14.
15.
16.
17.
18.
19.
20.
21.
22.
23.
24.
25.
26.
27.
28.
29.
30.
31.
32.
33.
34.
35.
36.
37.
38.
39.
40.
41.
42.
43.
44.
45.
46.
47.
48.
49.
50.
51.
52.
53.
54.
55.
56.
57.
58.
59.
60.
61.
62.
63.
64.
65.
66.
67.
68.
69.
70.

...My peace I give to you: not as the world gives, give I to you.

BOOKS TO READ & SHOWS OR MOVIES TO SEE

#		#	
1	❑	36	❑
2	❑	37	❑
3	❑	38	❑
4	❑	39	❑
5	❑	40	❑
6	❑	41	❑
7	❑	42	❑
8	❑	43	❑
9	❑	44	❑
10	❑	45	❑
11	❑	46	❑
12	❑	47	❑
13	❑	48	❑
14	❑	49	❑
15	❑	50	❑
16	❑	51	❑
17	❑	52	❑
18	❑	53	❑
19	❑	54	❑
20	❑	55	❑
21	❑	56	❑
22	❑	57	❑
23	❑	58	❑
24	❑	59	❑
25	❑	60	❑
26	❑	61	❑
27	❑	62	❑
28	❑	63	❑
29	❑	64	❑
30	❑	65	❑
31	❑	66	❑
32	❑	67	❑
33	❑	68	❑
34	❑	69	❑
35	❑	70	❑

Let not your heart be troubled, neither let it be afraid. John 14:27b

CHECKLIST

Verily, verily, I say unto you, Except a man be born of water and of

GOOD DECISIONS I STILL HAVE TIME TO MAKE

1. ___
2. ___
3. ___
4. ___
5. ___
6. ___
7. ___
8. ___
9. ___
10. ___
11. ___
12. ___
13. ___
14. ___
15. ___
16. ___

the Spirit, he cannot enter into the kingdom of God. John 3:5

HOPE/WISH LIST

1. _____
2. _____
3. _____
4. _____
5. _____
6. _____
7. _____
8. _____
9. _____
10. _____
11. _____
12. _____
13. _____
14. _____
15. _____
16. _____
17. _____
18. _____
19. _____
20. _____
21. _____
22. _____
23. _____
24. _____
25. _____
26. _____
27. _____
28. _____
29. _____
30. _____
31. _____
32. _____
33. _____
34. _____
35. _____
36. _____
37. _____
38. _____
39. _____
40. _____
41. _____
42. _____
43. _____
44. _____
45. _____
46. _____
47. _____
48. _____
49. _____
50. _____
51. _____
52. _____
53. _____
54. _____
55. _____
56. _____
57. _____
58. _____
59. _____
60. _____
61. _____
62. _____
63. _____
64. _____
65. _____
66. _____
67. _____
68. _____
69. _____
70. _____

He that has the Son has life;

INVENTIONS I WISH WERE MADE

1.
2.
3.
4.
5.
6.
7.
8.
9.
10.
11.
12.
13.
14.
15.
16.
17.
18.
19.
20.
21.
22.
23.
24.
25.
26.
27.
28.
29.
30.
31.
32.
33.
34.
35.
36.
37.
38.
39.
40.
41.
42.
43.
44.
45.
46.
47.
48.
49.
50.
51.
52.
53.
54.
55.
56.
57.
58.
59.
60.
61.
62.
63.
64.
65.
66.
67.
68.
69.
70.

and he that has not the Son of God has not life. 1 John 5:12

MY BUCKET LIST

1．＿＿＿＿＿＿＿＿＿＿＿＿＿＿＿＿＿＿＿＿＿＿＿＿＿＿＿＿＿＿＿＿＿＿
2．＿＿＿＿＿＿＿＿＿＿＿＿＿＿＿＿＿＿＿＿＿＿＿＿＿＿＿＿＿＿＿＿＿＿
3．＿＿＿＿＿＿＿＿＿＿＿＿＿＿＿＿＿＿＿＿＿＿＿＿＿＿＿＿＿＿＿＿＿＿
4．＿＿＿＿＿＿＿＿＿＿＿＿＿＿＿＿＿＿＿＿＿＿＿＿＿＿＿＿＿＿＿＿＿＿
5．＿＿＿＿＿＿＿＿＿＿＿＿＿＿＿＿＿＿＿＿＿＿＿＿＿＿＿＿＿＿＿＿＿＿
6．＿＿＿＿＿＿＿＿＿＿＿＿＿＿＿＿＿＿＿＿＿＿＿＿＿＿＿＿＿＿＿＿＿＿
7．＿＿＿＿＿＿＿＿＿＿＿＿＿＿＿＿＿＿＿＿＿＿＿＿＿＿＿＿＿＿＿＿＿＿
8．＿＿＿＿＿＿＿＿＿＿＿＿＿＿＿＿＿＿＿＿＿＿＿＿＿＿＿＿＿＿＿＿＿＿
9．＿＿＿＿＿＿＿＿＿＿＿＿＿＿＿＿＿＿＿＿＿＿＿＿＿＿＿＿＿＿＿＿＿＿
10．＿＿＿＿＿＿＿＿＿＿＿＿＿＿＿＿＿＿＿＿＿＿＿＿＿＿＿＿＿＿＿＿＿
11．＿＿＿＿＿＿＿＿＿＿＿＿＿＿＿＿＿＿＿＿＿＿＿＿＿＿＿＿＿＿＿＿＿
12．＿＿＿＿＿＿＿＿＿＿＿＿＿＿＿＿＿＿＿＿＿＿＿＿＿＿＿＿＿＿＿＿＿
13．＿＿＿＿＿＿＿＿＿＿＿＿＿＿＿＿＿＿＿＿＿＿＿＿＿＿＿＿＿＿＿＿＿
14．＿＿＿＿＿＿＿＿＿＿＿＿＿＿＿＿＿＿＿＿＿＿＿＿＿＿＿＿＿＿＿＿＿
15．＿＿＿＿＿＿＿＿＿＿＿＿＿＿＿＿＿＿＿＿＿＿＿＿＿＿＿＿＿＿＿＿＿
16．＿＿＿＿＿＿＿＿＿＿＿＿＿＿＿＿＿＿＿＿＿＿＿＿＿＿＿＿＿＿＿＿＿
17．＿＿＿＿＿＿＿＿＿＿＿＿＿＿＿＿＿＿＿＿＿＿＿＿＿＿＿＿＿＿＿＿＿
18．＿＿＿＿＿＿＿＿＿＿＿＿＿＿＿＿＿＿＿＿＿＿＿＿＿＿＿＿＿＿＿＿＿
19．＿＿＿＿＿＿＿＿＿＿＿＿＿＿＿＿＿＿＿＿＿＿＿＿＿＿＿＿＿＿＿＿＿
20．＿＿＿＿＿＿＿＿＿＿＿＿＿＿＿＿＿＿＿＿＿＿＿＿＿＿＿＿＿＿＿＿＿
21．＿＿＿＿＿＿＿＿＿＿＿＿＿＿＿＿＿＿＿＿＿＿＿＿＿＿＿＿＿＿＿＿＿
22．＿＿＿＿＿＿＿＿＿＿＿＿＿＿＿＿＿＿＿＿＿＿＿＿＿＿＿＿＿＿＿＿＿
23．＿＿＿＿＿＿＿＿＿＿＿＿＿＿＿＿＿＿＿＿＿＿＿＿＿＿＿＿＿＿＿＿＿
24．＿＿＿＿＿＿＿＿＿＿＿＿＿＿＿＿＿＿＿＿＿＿＿＿＿＿＿＿＿＿＿＿＿
25．＿＿＿＿＿＿＿＿＿＿＿＿＿＿＿＿＿＿＿＿＿＿＿＿＿＿＿＿＿＿＿＿＿
26．＿＿＿＿＿＿＿＿＿＿＿＿＿＿＿＿＿＿＿＿＿＿＿＿＿＿＿＿＿＿＿＿＿
27．＿＿＿＿＿＿＿＿＿＿＿＿＿＿＿＿＿＿＿＿＿＿＿＿＿＿＿＿＿＿＿＿＿
28．＿＿＿＿＿＿＿＿＿＿＿＿＿＿＿＿＿＿＿＿＿＿＿＿＿＿＿＿＿＿＿＿＿
29．＿＿＿＿＿＿＿＿＿＿＿＿＿＿＿＿＿＿＿＿＿＿＿＿＿＿＿＿＿＿＿＿＿
30．＿＿＿＿＿＿＿＿＿＿＿＿＿＿＿＿＿＿＿＿＿＿＿＿＿＿＿＿＿＿＿＿＿
31．＿＿＿＿＿＿＿＿＿＿＿＿＿＿＿＿＿＿＿＿＿＿＿＿＿＿＿＿＿＿＿＿＿
32．＿＿＿＿＿＿＿＿＿＿＿＿＿＿＿＿＿＿＿＿＿＿＿＿＿＿＿＿＿＿＿＿＿
33．＿＿＿＿＿＿＿＿＿＿＿＿＿＿＿＿＿＿＿＿＿＿＿＿＿＿＿＿＿＿＿＿＿
34．＿＿＿＿＿＿＿＿＿＿＿＿＿＿＿＿＿＿＿＿＿＿＿＿＿＿＿＿＿＿＿＿＿
35．＿＿＿＿＿＿＿＿＿＿＿＿＿＿＿＿＿＿＿＿＿＿＿＿＿＿＿＿＿＿＿＿＿
36．＿＿＿＿＿＿＿＿＿＿＿＿＿＿＿＿＿＿＿＿＿＿＿＿＿＿＿＿＿＿＿＿＿
37．＿＿＿＿＿＿＿＿＿＿＿＿＿＿＿＿＿＿＿＿＿＿＿＿＿＿＿＿＿＿＿＿＿
38．＿＿＿＿＿＿＿＿＿＿＿＿＿＿＿＿＿＿＿＿＿＿＿＿＿＿＿＿＿＿＿＿＿
39．＿＿＿＿＿＿＿＿＿＿＿＿＿＿＿＿＿＿＿＿＿＿＿＿＿＿＿＿＿＿＿＿＿
40．＿＿＿＿＿＿＿＿＿＿＿＿＿＿＿＿＿＿＿＿＿＿＿＿＿＿＿＿＿＿＿＿＿
41．＿＿＿＿＿＿＿＿＿＿＿＿＿＿＿＿＿＿＿＿＿＿＿＿＿＿＿＿＿＿＿＿＿
42．＿＿＿＿＿＿＿＿＿＿＿＿＿＿＿＿＿＿＿＿＿＿＿＿＿＿＿＿＿＿＿＿＿
43．＿＿＿＿＿＿＿＿＿＿＿＿＿＿＿＿＿＿＿＿＿＿＿＿＿＿＿＿＿＿＿＿＿
44．＿＿＿＿＿＿＿＿＿＿＿＿＿＿＿＿＿＿＿＿＿＿＿＿＿＿＿＿＿＿＿＿＿
45．＿＿＿＿＿＿＿＿＿＿＿＿＿＿＿＿＿＿＿＿＿＿＿＿＿＿＿＿＿＿＿＿＿
46．＿＿＿＿＿＿＿＿＿＿＿＿＿＿＿＿＿＿＿＿＿＿＿＿＿＿＿＿＿＿＿＿＿
47．＿＿＿＿＿＿＿＿＿＿＿＿＿＿＿＿＿＿＿＿＿＿＿＿＿＿＿＿＿＿＿＿＿
48．＿＿＿＿＿＿＿＿＿＿＿＿＿＿＿＿＿＿＿＿＿＿＿＿＿＿＿＿＿＿＿＿＿
49．＿＿＿＿＿＿＿＿＿＿＿＿＿＿＿＿＿＿＿＿＿＿＿＿＿＿＿＿＿＿＿＿＿
50．＿＿＿＿＿＿＿＿＿＿＿＿＿＿＿＿＿＿＿＿＿＿＿＿＿＿＿＿＿＿＿＿＿

If we say that we have not sinned, we make him a liar,

101 Things I'd like to do in my lifetime—in no particular order.

51. _____
52. _____
53. _____
54. _____
55. _____
56. _____
57. _____
58. _____
59. _____
60. _____
61. _____
62. _____
63. _____
64. _____
65. _____
66. _____
67. _____
68. _____
69. _____
70. _____
71. _____
72. _____
73. _____
74. _____
75. _____
76. _____
77. _____
78. _____
79. _____
80. _____
81. _____
82. _____
83. _____
84. _____
85. _____
86. _____
87. _____
88. _____
89. _____
90. _____
91. _____
92. _____
93. _____
94. _____
95. _____
96. _____
97. _____
98. _____
99. _____
100. _____
101. _____

and his word is not in us. 1 John 1:10d

MY GOAL PLANNER

ADVENTURE GOALS
Month/Year

1. ☐ _____ _____
2. ☐ _____ _____
3. ☐ _____ _____

BREAK BAD HABIT GOALS

1. ☐ _____ _____
2. ☐ _____ _____
3. ☐ _____ _____

CREATIVE GOALS

1. ☐ _____ _____
2. ☐ _____ _____
3. ☐ _____ _____

EDUCATIONAL GOALS

1. ☐ _____ _____
2. ☐ _____ _____
3. ☐ _____ _____

FAMILY GOALS

1. ☐ _____ _____
2. ☐ _____ _____
3. ☐ _____ _____

FINANCIAL GOALS

1. ☐ _____ _____
2. ☐ _____ _____
3. ☐ _____ _____

FITNESS GOALS

1. ☐ _____ _____
2. ☐ _____ _____
3. ☐ _____ _____

JOB/CAREER/VOCATION/BUSINESS GOALS

1. ☐ _____ _____
2. ☐ _____ _____
3. ☐ _____ _____

I can do all things through Christ

SOCIAL GOALS   Month/Year
1. ☐ _____ _____
2. ☐ _____ _____
3. ☐ _____ _____

SPIRITUAL GOALS
1. ☐ _____ _____
2. ☐ _____ _____
3. ☐ _____ _____

START GOOD HABIT GOALS
1. ☐ _____ _____
2. ☐ _____ _____
3. ☐ _____ _____

TIME MANAGEMENT GOALS
1. ☐ _____ _____
2. ☐ _____ _____
3. ☐ _____ _____

TRAVELING GOALS
1. ☐ _____ _____
2. ☐ _____ _____
3. ☐ _____ _____

VOLUNTEERING GOALS
1. ☐ _____ _____
2. ☐ _____ _____
3. ☐ _____ _____

OTHER GOALS
1. ☐ _____ _____
2. ☐ _____ _____
3. ☐ _____ _____
4. ☐ _____ _____
5. ☐ _____ _____
6. ☐ _____ _____
7. ☐ _____ _____
8. ☐ _____ _____
9. ☐ _____ _____
10. ☐ _____ _____

which strengthens me. Philippians 4:13

MY ULTIMATE GOAL

List your #1 ultimate goal, then work backwards from the bottom up.   Month/Year

25 _____   _____
24 _____   _____
23 _____   _____
22 _____   _____
21 _____   _____
20 _____   _____
19 _____   _____
18 _____   _____
17 _____   _____
16 _____   _____
15 _____   _____
14 _____   _____
13 _____   _____
12 _____   _____
11 _____   _____
10 _____   _____
9 _____   _____
8 _____   _____
7 _____   _____
6 _____   _____
5 _____   _____
4 _____   _____
3 _____   _____
2 _____   _____

#1 _____   _____

What do you have to do to reach your goal? Fill in #1, then 2, etc.

Now therefore thus says the Lord of hosts;

PEOPLE, PLACES & THINGS I'D LIKE TO SEE

#			#		
1	_____	❏	36	_____	❏
2	_____	❏	37	_____	❏
3	_____	❏	38	_____	❏
4	_____	❏	39	_____	❏
5	_____	❏	40	_____	❏
6	_____	❏	41	_____	❏
7	_____	❏	42	_____	❏
8	_____	❏	43	_____	❏
9	_____	❏	44	_____	❏
10	_____	❏	45	_____	❏
11	_____	❏	46	_____	❏
12	_____	❏	47	_____	❏
13	_____	❏	48	_____	❏
14	_____	❏	49	_____	❏
15	_____	❏	50	_____	❏
16	_____	❏	51	_____	❏
17	_____	❏	52	_____	❏
18	_____	❏	53	_____	❏
19	_____	❏	54	_____	❏
20	_____	❏	55	_____	❏
21	_____	❏	56	_____	❏
22	_____	❏	57	_____	❏
23	_____	❏	58	_____	❏
24	_____	❏	59	_____	❏
25	_____	❏	60	_____	❏
26	_____	❏	61	_____	❏
27	_____	❏	62	_____	❏
28	_____	❏	63	_____	❏
29	_____	❏	64	_____	❏
30	_____	❏	65	_____	❏
31	_____	❏	66	_____	❏
32	_____	❏	67	_____	❏
33	_____	❏	68	_____	❏
34	_____	❏	69	_____	❏
35	_____	❏	70	_____	❏

Consider your ways. Haggai 1:5

PRAYER LIST

Date	Person	Prayer Request	

The Lord is good, a strong hold in the day of trouble;

PRAYER LIST

Date	Person	Prayer Request	
			☐

and he knows them that trust in him. Nahum 1:7

THANKFUL LIST

1.	36.
2.	37.
3.	38.
4.	39.
5.	40.
6.	41.
7.	42.
8.	43.
9.	44.
10.	45.
11.	46.
12.	47.
13.	48.
14.	49.
15.	50.
16.	51.
17.	52.
18.	53.
19.	54.
20.	55.
21.	56.
22.	57.
23.	58.
24.	59.
25.	60.
26.	61.
27.	62.
28.	63.
29.	64.
30.	65.
31.	66.
32.	67.
33.	68.
34.	69.
35.	70.

Can two walk together,

except they be agreed? Amos 3:3

THESE ARE A FEW OF MY FAVORITE THINGS

1. Pet(s) _____
2. Animal(s) _____
3. Most unusual pet _____
4. Bug/Critter _____
5. Car(s) _____
6. Meal _____
7. Snack _____
8. Candy _____
9. Soda _____
10. Dessert _____
11. Dairy product _____
12. Protein _____
13. Vegetable _____
14. Fruit _____
15. Hot drink _____
16. Cold drink _____
17. Childhood foods _____
18. Meal Mom/Dad made _____
19. Meal I make _____
20. Restaurant _____
21. Topic of conversation _____
22. Movie(s) _____
23. Song(s) _____
24. Book(s) _____
25. Teacher who impacted my life _____
    Why? _____
26. Mentor who impacted my life _____
    Why? _____
27. Color(s) _____
28. Artist(s) _____
29. Item to shop for _____
30. Person(s) _____
31. Beach _____

It is of the Lord's mercies that we are not consumed,

32 Vacation destination _____
33 Country _____
34 State _____
35 City _____
36 Best entertainment ever seen _____
37 Hobby _____
38 Craft _____
39 Activity _____
40 Sport(s) _____
41 Team(s) _____
42 Most rewarding volunteering _____
43 My greatest gift/skill/talent _____
44 Best advice given me _____
45 Best advice I've given _____
46 Best birthday I ever had _____
47 Most amazing natural wonder I've seen _____
48 Best road trip I've taken _____
49 Best haircut _____
50 Best gift ever given me _____
51 Best gift I ever gave another _____
52 Proudest achievement _____
53 Job _____
54 Household chore _____
55 Jewelry _____
56 Kindest thing someone did for me _____
57 Kindest things I've done for someone _____
58 Most healthy I've ever been _____
59 Perfume _____
60 Smell _____
61 Most fun I've ever had on a weekend _____
62 Favorite dance song _____
63 Favorite dance partner _____
64 Happiest moment I can recall _____
65 Hymn _____
66 Song that makes me sad _____

because his compassions fail not. Lamentations 3:22

FAVORITE THINGS

67 Song that makes me happy _____
68 Song that makes me want to dance _____
69 Song that annoys me _____
70 Song I like to sing _____
71 Best New Year's Eve _____
72 Best New Year's Day _____
73 Best Valentine's Day _____
74 Best Easter _____
75 Best Memorial Day _____
76 Best Mother's Day _____
77 Best Father's Day _____
78 Best 4th of July _____
79 Best Labor Day _____
80 Best Thanksgiving _____
81 Best Christmas _____
82 Biggest moment of celebrity _____
    Why? _____
83 Famous family member(s) _____
84 Favorite item of clothing _____
85 One item I can't live without _____
86 Most fun sporting event I've attended _____
87 Where I'd spend the rest of my life if I could _____
88 Memory with my husband/wife _____
89 Memory with son(s) _____
90 Memory with daughter(s) _____
91 Memory with brother(s) _____
92 Memory with sister(s) _____
93 Memory with aunt(s) _____
94 Memory with uncle(s) _____
95 Memory with Dad _____
96 Memory with Mom _____
97 Memory with Grandma(s) _____
98 Memory with Grandpa(s) _____

And you shall seek me, and find me,

99 Memory with cousin(s) _____
100 Memory with non-relative _____
101 Famous person I'd like to meet _____
102 Famous person I've met _____
103 Flower/Gift delivery from _____
104 Most money I've ever made in a day/week/month _____
105 Most significant change _____
106 Bike/Toy _____
107 Prefer ❑ Burial ❑ Cremation ❑ Other _____
    Why? _____
108 Stuffed animal _____
109 Environmental sound (rain, thunder, etc) _____
110 TV show _____
111 TV rerun _____
112 Baseball Team _____
113 Poem _____
114 Picture ever taken _____
115 Fun game played _____
116 Hardest I've ever laughed _____
117 Favorite kitchen smell _____
118 Cooking smell _____
119 Weirdest thing I've ever eaten _____
120 Exercise _____
121 Beach _____
122 Football Team _____
123 Amusement Park _____
124 Other Sport/Team _____
125 Olympic Sport _____
126 Weather season _____
127 Basketball Team _____
128 Hockey Team _____
129 Mode of travel (car, bus, boat, plane, train, etc.) _____
130 Body of water (river, lake, etc.) _____
131 Camp, campsite, retreat center _____
132 Computer or phone (Apple, iPhone, PC, Android, etc.) _____

when you shall search for me with all your heart. Jeremiah 29:13

FAVORITE THINGS

133 ___
134 ___
135 ___
136 ___
137 ___
138 ___
139 ___
140 ___
141 ___
142 ___
143 ___
144 ___
145 ___
146 ___
147 ___
148 ___
149 ___
150 ___
151 ___
152 ___
153 ___
154 ___
155 ___
156 ___
157 ___
158 ___
159 ___
160 ___
161 ___
162 ___
163 ___
164 ___
165 ___

To every thing there is a season,

166.
167.
168.
169.
170.
171.
172.
173.
174.
175.
176.
177.
178.
179.
180.
181.
182.
183.
184.
185.
186.
187.
188.
189.
190.
191.
192.
193.
194.
195.
196.
197.
198.
199.
200.

and a time to every purpose under the heaven: Ecclesiastes 3:1

TO DO LIST

1. _____ ☐
2. _____ ☐
3. _____ ☐
4. _____ ☐
5. _____ ☐
6. _____ ☐
7. _____ ☐
8. _____ ☐
9. _____ ☐
10. _____ ☐
11. _____ ☐
12. _____ ☐
13. _____ ☐
14. _____ ☐
15. _____ ☐
16. _____ ☐
17. _____ ☐
18. _____ ☐
19. _____ ☐
20. _____ ☐
21. _____ ☐
22. _____ ☐
23. _____ ☐
24. _____ ☐
25. _____ ☐
26. _____ ☐
27. _____ ☐
28. _____ ☐
29. _____ ☐
30. _____ ☐
31. _____ ☐
32. _____ ☐

Your word is a lamp unto my feet,

WHAT I WANT MY LOVED ONES TO KNOW ABOUT ME

and a light unto my path. Psalm 119:105

The Lord make his face shine upon you,

and be gracious unto you: Numbers 6:25

You shall have no other gods before me. Exodus 20:3

Help us help others (Side 1 of 2)

Share how you found this book helpful, or how God used it to affect you:

_____
_____
_____
_____
_____
_____
_____
_____
_____
_____
_____
_____
_____
_____
_____
_____
_____
_____
_____
_____
_____

List the activities or page numbers you enjoyed the most: _____

_____
_____

Help us help others (Side 2 of 2)

Is there anything you wish we'd add to this type of book?

_____

_____

Can you share a comment, complaint, idea, or suggestion?

_____

_____

_____

Tell us if you noticed an error in need of correction:

_____

_____

Note: We share letters and responses submitted to our ministry to rally prayer support for you and others. We blot out names and identifying information (unless you also sign below).

❏ I am incarcerated. I have completed this form myself and mailed it directly from my institution. I would appreciate a Biblically based book to keep me "Busy in The Bible"™ *(available until donations are depleted).*

Language(s) I read fluently *[easily; well]*: _____

Language(s) I write fluently *[easily; well]*: _____

First & Last Name _____

Birthplace_____ Birthdate _____

ID# or Fed A# _____ Housing/Cell _____

Facility Name _____

Facility Address _____

City/State/Zip _____

Please print legibly

❏ Please pray for the prayer request I have included in this envelope.

In addition to social media (above): **OPTIONAL**—As an adult, I grant permission to publish, in any form, my name with all or part of my comments (this page front & back) without compensation—allowing editing as needed.

Renewing Lives, PO Box **5529**, Diamond Bar, CA 91765-7529

✗ _____

Signature   Name Printed   Date

IS-MB 092021

Office: ❏ Inmate locator records checked ❏ "Out-date" verified ❏ Previous mailings ckd

www.ingramcontent.com/pod-product-compliance
Lightning Source LLC
Chambersburg PA
CBHW071859070526
44583CB00016B/1759